UMA CIVILIZAÇÃO CENTRADA NA CRIANÇA

LAURA GUTMAN

UMA CIVILIZAÇÃO CENTRADA NA CRIANÇA

Tradução
Luís Carlos Cabral

1ª edição

Rio de Janeiro | 2021

CIP-BRASIL. CATALOGAÇÃO NA PUBLICAÇÃO
SINDICATO NACIONAL DOS EDITORES DE LIVROS, RJ

G995c   Gutman, Laura, 1958-
   Uma civilização centrada na criança : como uma criação amorosa pode revolucionar o mundo / Laura Gutman ; tradução Luís Carlos Cabral. - 1.ed. - Rio de Janeiro : BestSeller, 2021.

   Tradução de: Una civilización niñocéntrica
   ISBN 978-65-5712-088-0

   1. Bem-estar. 2. Crianças e adultos. 3. Amor. 4. Hábitos de saúde. 5.Qualidade de vida. I. Cabral, Luís Carlos. II. Título.

21-69518   CDD: 613.083
                      CDU: 613-053.2

Camila Donis Hartmann - Bibliotecária - CRB-7/6472

Texto revisado segundo o novo Acordo Ortográfico da Língua Portuguesa.

Título original
Una Civilización Niñocéntrica

Copyright © 2021 by Laura Gutman
Copyright da tradução © 2021 by Editora Best Seller Ltda.

Todos os direitos reservados. Proibida a reprodução, no todo ou em parte, sem autorização prévia por escrito da editora, sejam quais forem os meios empregados.

Direitos exclusivos de publicação em língua portuguesa para o Brasil adquiridos pela
EDITORA BEST SELLER LTDA.
Rua Argentina, 171, parte, São Cristóvão
Rio de Janeiro, RJ – 20921-380
que se reserva a propriedade literária desta tradução

Impresso no Brasil

ISBN 978-65-5712-088-0

Seja um leitor preferencial Record.
Cadastre-se e receba informações sobre nossos lançamentos e nossas promoções.

Atendimento e venda direta ao leitor
sac@record.com.br

*Dedico este livro aos meus filhos
Micaël, Maïara e Gaia
e à minha neta Fiona*

Sumário

O desenho original do ser humano 11

O amor 15
A necessidade de nos sentirmos amados quando crianças • Nossas experiências infantis reais • O que podemos fazer hoje

A benevolência 21
Os seres humanos nascem bons • A intuição • Como recuperá-la?

O início da vida 27
Partos realizados dentro da indústria médico-hospitalar • A medicina ocidental distante da fisiologia dos partos • Como chegamos a essas condições de submissão extrema? • Incompatibilidade entre medicina e assistência aos partos • Abrindo as portas aos depredadores • A experiência dos bebês que nascem em instituições médicas • Outras práticas habituais • O aumento da população nas terapias de cuidados neonatais • O que podemos fazer? • O instinto materno

A infância 45
O vínculo amoroso entre mães e bebês • O maltrato como ferramenta para a dominação • Por que é tão importante sermos carinhosos com as crianças • A repressão sexual começa nos primeiros dias de vida • Como a repressão sexual sofrida influencia a vida do adulto?

A alimentação 55
A lactância ferida • O alcance do mercado internacional • Leite de vaca e doenças respiratórias • Ingestão precoce de leite de vaca • A incorporação de alimentos sólidos tóxicos • Por que preferimos alimentos de péssima qualidade? • Nutrição material e emocional • Quais dietas escolher? • As falsas crenças a respeito do que as crianças gostam • Os horários das refeições • Abundância de alimentos de má qualidade • O cardápio nas festas de aniversário • Sobrepeso infantil • As dietas restritivas • A alimentação na escola • A importância dos alimentos • As desintoxicações

Saúde e doença 87
A filosofia da medicina ocidental • O comércio dos cuidados médicos • As doenças corriqueiras • A armadilha da medicina tradicional • Medicinas alternativas • A doença como caminho • Como recuperar o equilíbrio perdido? • Doenças graves: quando o ser essencial não negocia mais

A escola 107
O lugar ao qual nenhuma criança quer ir • O objetivo original da escola moderna • As crianças escolarizadas na atualidade • O que aprendemos na escola • As dificuldades familiares na hora de forçar as crianças a ir à escola • Escolarização precoce • Epidemia de medicação nas escolas para conseguir que as crianças fiquem quietas • As crianças sabem perfeitamente o que precisam

Despropósitos escolares 121
Turmas de creches e turmas de jardins de infância • A realidade emocional de bebês e crianças pequenas • Queixas entre professores e pais • A escola é o lugar onde as crianças aprendem a ler e escrever? • A escola como prisão • Atrever-nos a pensar com autonomia

Uma escola feliz para crianças felizes 135
O que as crianças têm que fazer? Brincar • É possível imaginar uma escola feliz? • O que os adultos podem fazer para organizar um ambiente feliz? • Projetos pedagógicos alternativos • A pedagogia Waldorf • A pedagogia Montessori • As escolas de Reggio Emília • As escolas livres • Homeschooling, educar em casa • A capacidade dos adultos de entender as realidades emocionais das crianças

Adolescência 153
Segundo nascimento • Vocação • As relações sociais como principal núcleo de interesse • As aptidões para trabalhos ou o desperdício de tempo em aprendizados obsoletos • A evasão escolar no ensino médio • A vitalidade acesa • Casas de portas abertas • Os adolescentes são notívagos • As viagens iniciáticas • A atração sexual em todo seu esplendor • A rede de apoio

A sexualidade 173
A força vital • A repressão da energia vital através dos castigos • Adolescência: ensaio para os encontros amorosos • A entrada no caminho do amor • Sexualidade livre ou casamento • Como liberar nossa libido se não tivemos experiências amorosas na infância?

A violência 189
As primeiras batalhas • O berço do egoísmo • Patriarcado e violência com as crianças • Erros conceituais sobre a violência de gênero • Redes sociais: a hostilidade no anonimato • As responsabilidades individuais na vida coletiva • Delinquência, injustiça e pobreza

A biografia humana como sistema de indagação pessoal 203
A busca da verdade • Os inícios da biografia humana • Uma escola de detetives • A lealdade à nossa mãe • A função dos esquecimentos • Vida sexual • Quem pode treinar para se tornar um behacheador? • O altruísmo • Amar o próximo

Uma civilização centrada na criança 221
A ecologia humana • Como a criança amorosa pode salvar o mundo

O desenho original do ser humano

Há muito tempo nossa civilização saiu dos eixos em relação à natureza dos seres humanos. De fato, fomos criados para nos vincularmos espontaneamente com nosso meio, com respeito e equilíbrio suficientes para vivermos em harmonia. No entanto, hoje estamos perdidos. Criamos violência, maus-tratos, guerras, doenças e mal-estar. A boa notícia é que as mudanças necessárias para criar um ambiente mais amoroso e solidário dependem de cada um de nós: mulheres e homens adultos.

Concretamente, o que podemos fazer? Para mim, as crianças sempre foram o guia mais confiável. A questão é retomar o caminho original. Precisamos voltar à fonte. À raiz. E a raiz dos seres humanos são as crianças. As crianças reais que fazem parte do nosso entorno, tanto como as crianças que nós fomos quanto as crianças que nascerão a qualquer momento. Antes, agora ou depois, tanto faz. Nós, crianças, nascemos com o eixo em nós mesmas. Chegamos à vida terrestre sem linguagem, sem cultura, sem mandatos, sem juízos de valor, sem moral, sem medo. Só queremos desenvolver nosso "eu" em harmonia.

Uma civilização respeitosa, amorosa, solidária e benéfica para todos deveria ser **centrada nas crianças**. Ou seja, organizada de acordo com as necessidades dos pequenos. Adaptada aos pequenos. Fácil e feliz para os pequenos.

Como faríamos algo assim?

É relativamente simples. Em todas as áreas, deveríamos estar **a serviço das crianças** e não ao contrário. Deveríamos nos adaptar a tudo aquilo que a criança manifesta ou reclama em vez de esperar que as crianças se adaptem à comodidade dos adultos. Até quando? Até que a criança se sinta confortável. Essa é a única medida: o conforto de uma criança.

É de se esperar que as crianças organizem todas as áreas de nossa vida humana? Praticamente sim.

Entendo que esta premissa nos desconcerte, já que supomos que as crianças têm que se adaptar às necessidades dos adultos e tolerar os limites que lhes impomos segundo conjecturas baseadas na supremacia de nossos desejos. Claro que não se trata de bloqueá-las com objetos de consumo para que fiquem quietas, porque os brinquedos, a tecnologia ou as relações virtuais não são mais do que deslocamentos de suas carências afetivas por falta de vínculos reais. Portanto, "dar o que elas pedem" não condiz necessariamente com o que as crianças reivindicam genuinamente. Entender as necessidades básicas e autênticas de cada criança segundo seu desenho original será a tarefa primordial.

Por isso, no presente livro, ofereço propostas concretas centradas no **bem-estar original do ser humano**, destacando os vínculos primários, ou seja, a relação de carinho entre adultos e crianças. Logo abordaremos também a alimentação, pensando-a como a matéria que entra todos os dias em nosso corpo e que deveria estar vibrando em sincronia com cada um de nós. Também vamos pensar no que significa cuidar da nossa saúde física e mental, como a medicina ocidental se afastou completamente da compreensão do ser humano ecológico e como podemos voltar a um equilíbrio sensato. Abordaremos a instituição escolar e compreenderemos como a escola, tal como a conhecemos hoje, é um lugar que faz mal às crianças. Portanto, esboçaremos pensamentos possíveis a favor da socialização das crianças a partir de outros conceitos que estejam em sintonia com o desenho original. Pensaremos com liberdade sobre qual era o objetivo original da monogamia e da constituição das famílias tal como as entendemos hoje na civilização ocidental e sobre o que podemos fazer para nos reconectarmos com nosso bem-estar primitivo. Vamos encarar os problemas do consumo excessivo, da contaminação do solo, da água e do ar, a delinquência e a injustiça, a pobreza e a fome em um mundo com superprodução de alimentos e também com excesso de elementos tóxicos, tanto físicos como espirituais.

Nós, seres humanos, nos extraviamos há muito tempo. Desde quando? Não sabemos. Os livros de história se referem a épocas muito recentes, portanto não temos referências confiáveis nem lembranças de um passado que nos permita querer voltar a ele. Na falta de referências históricas, me permito adotar como referência mais confiável a **criança tal como chega ao mundo**. Tenho certeza de que se confiássemos na natureza instintiva de cada criança, recuperaríamos a noção de solidariedade, alegria e prosperidade. E, sobretudo, recuperaríamos algo que perdemos há muitas gerações: a capacidade de **amar o próximo**.

O amor

A NECESSIDADE DE NOS SENTIRMOS AMADOS QUANDO CRIANÇAS

Os seres humanos nascem amorosos.

Nenhuma criança nasce má, opressora, violenta, egoísta, tirana, avarenta, ingrata nem vil. Não. Todas as crianças nascem com uma refinada capacidade de amar. Mas também nascem imaturas, ou seja, "inacabadas". Essa imaturidade as obriga à dependência, tanto física como emocional. Para sobreviver, precisam que alguém — em princípio, as mães — permaneça em uma sutil fusão emocional com elas, para que possam perceber milimetricamente cada necessidade — por mais que pareça invisível para os adultos — e satisfazê-las.

As crianças vivem prazerosamente o conforto que é gerado pela resposta intuitiva e imediata de suas mães e o interpretam assim: "me sinto amada". Por outro lado, quando manifestam alguma necessidade — insisto, por menor que seja, por exemplo, na urgência de estar em contato corporal, urgência de se sentirem seguras, urgência de receber carícias quando a digestão dói, urgência de se sentirem "sentidas" — que a mãe não responde, porque não está em fusão emocional com elas e "não as sente", significa que estão fora da sua zona de conforto. Essa falta de prazer é interpretada pelas crianças como "desamor".

De acordo com o desenho original da criatura mamífera humana, isso é um verdadeiro **desastre ecológico**. Por quê? Porque viemos a esse mundo para exercer nossa capacidade de amar. Acontece que não conseguiremos exercer esta habilidade durante a idade adulta, porque antes teríamos que ter nos sentido amados, seguros, confortados, atendidos, respeitados e compreendidos... pelo outro. Não podemos chegar a esse nível de conforto por nossa própria conta, porque — como já apontei — nascemos imaturos. Precisamos que a mãe resolva. Se a mãe não cuida disso, então, em vez de relaxar em um estado de amor, vamos desenvolver mecanismos de sobrevivência, que são o instinto extremado. Faremos de tudo para sobreviver. Essa luta pela sobrevivência não deixará qualquer espaço para o prazer ou para a fruição.

Por que nossa mãe não pôde satisfazer toda necessidade milimétrica que manifestamos quando crianças? Porque ela própria teve uma infância de desamparo e solidão — no mínimo —, então também usou mecanismos de sobrevivência quando era criança e — nesse afã de sobreviver — foi cortando os laços com seu próprio mundo interior, para não sofrer. O fato é que a avó materna viveu coisas piores; a bisavó, ainda piores; e assim é possível ver, em uma cadeia transgeracional de dominação, lutas, guerras, conquistas, feridas em todo lugar.

Significa que o ser humano "é" assim? Não. Existiram outras civilizações baseadas na colaboração e na solidariedade, nas quais as fêmeas — posteriormente mães — contavam com suficiente respaldo, dedicação e amparo para poder oferecer amor sem limites às suas criaturas, em uma cadeia transgeracional de amorosidade e compaixão. Acontece que a história que conhecemos é muito recente e se passa dentro da lógica do patriarcado, ou seja, da dominação do forte sobre o fraco. Ora, nascemos neste tempo e neste sistema civilizatório. Significa que se tivemos uma infância distante desse ideal, já estamos condenados a perpetuar o desamor no mundo?

Não. Mas será necessário agir em sentido contrário, porque nosso piloto automático vai seguir o fluxo das experiências conhecidas: cortar a relação com o mundo emocional ferido, gerar batalhas afetivas a cada passo, tentar ter razão, nos defender dos ataques e muito mais. Até este momento, o amor não tem lugar.

O que poderíamos fazer? Em primeiro lugar, é indispensável que reconheçamos, com honestidade e sem medo, a realidade emocional da qual viemos. Sem um conhecimento coerente e verdadeiro da nossa própria realidade emocional, por termos sido feridos, não conseguiremos agir a favor do outro enquanto ainda estivermos inundados pelo medo e pela desconfiança. Boas intenções não bastam. Nossos pais tiveram boa vontade. Nossos avós tiveram boa vontade. No entanto, estavam emocionalmente feridos, e por isso não conseguiram nos sentir nem administrar a vida cotidiana a favor de nossas necessidades sutis quando ainda éramos crianças pequenas.

NOSSAS EXPERIÊNCIAS INFANTIS REAIS

Por isso, o primeiro passo é aceitar com consciência e com honestidade o que aconteceu conosco. A maioria dos adultos encontra refúgio em interpretações e ilusões de uma suposta "infância de ouro" que, na verdade, nunca existiu. Escrevi vários textos sobre como construímos nossas recordações baseadas nos discursos equivocados de nossas mães ou de quem nos criou, por exemplo *O poder do discurso materno*, portanto não repetirei conceitos. No entanto, acho, sim, pertinente partir da realidade real que experimentamos. Cada um de nós terá de investigar essa realidade real em vez de nos conformarmos com as histórias que nos contam até hoje para acalmar nossas angústias.

As infâncias que nós vivemos eram anticrianças. Estavam **distantes do desenho original da criatura mamífera humana**. Está aí a semente de todo sofrimento posterior. Para não sofrer, as crianças pequenas precisam de adultos que confiem em suas queixas, que sejam sempre justos, necessários, imparciais, precisos e legítimos. Todas as crianças merecem ser recompensadas de forma permanente. Se cada uma delas tivesse sido **sentida** por sua mãe, acompanhada, sustentada, abraçada, alimentada e protegida na frequência sutil em que viviam, teriam conseguido, então, manifestar sua aptidão para amar, instantaneamente. Não há segredo maior do que esse. As crianças poderiam desenvolver seus talentos naturais, sua empatia e seu amor ao próximo espontaneamente, porque foram desenhadas assim. Para que isso acontecesse — insisto — só precisavam ter sido recompensadas milimetricamente... Porque ainda eram dependentes dos cuidados maternos, e qualquer satisfação de suas necessidades básicas era — e ainda é — vivida como "amor".

Neste ponto, estamos diante do eterno problema do ovo e da galinha: como podemos ter um bebê feliz se nós, mães, tivemos uma infância horrível e não soubemos encontrar recursos para amar o próximo — neste caso o nosso próprio filho — deixando de lado todas as nossas necessidades não satisfeitas no passado? Na minha opinião, podemos começar pela galinha, ou seja, por nós, mães, mulheres já adultas que — ainda que tenhamos tido uma infância difícil — hoje, sim, contamos com recursos necessários para decidir tomar consciência de nossa realidade interior, e depois — uma vez que tivermos pesquisado, compreendido e abordado a dimensão do nosso próprio desamparo, ou da violência recebida, ou do abuso e da ignorância emocional ou da distância a que fomos submetidas quando éramos crianças — agir em benefício de nosso filho (ou de quem seja), sabendo que **não podemos voltar no tempo, mas podemos mudar hoje, em favor do próximo**.

O QUE PODEMOS FAZER HOJE

Minhas propostas são sempre dirigidas à parte adulta que nos constitui. Além do fato de que nós, a maioria dos indivíduos, nos guiamos — no terreno emocional — a partir do ponto de vista cego da criança ferida que fomos, este é um chamado ao lado mais sensato que pudermos resgatar de nós mesmos. É um convite para observar, organizar e assumir a realidade afetiva da qual viemos, para então poder tomar decisões que nos aproximem do desenho original com o qual chegamos ao mundo, contribuindo para tomar as rédeas e voltar a viver em uma civilização mais amável, amorosa, altruísta e ecológica.

Ao longo dos anos, desenvolvi um sistema de investigação, que denominei de **biografia humana** — já descrita em outros textos —, que é um caminho possível para alcançar o ser essencial que vibra em nosso interior. Essa pesquisa pretende retirar todas as interpretações e as diversas opiniões para que — sem juízos de valor — possamos abordar a realidade real, sempre **do ponto de vista da criança que fomos**. Com tanta cultura, tanta linguagem, tanta ideologia filosófica e psicológica que inundaram nossa compreensão intelectual, tento filtrar ao máximo e observar os seres humanos tal como chegaram ao mundo. Apenas comparo a realidade cotidiana com o **desenho original**. Nós, adultos, já estamos adaptados, enquanto que a infância é aquele período de tempo no qual tentamos com toda nossa força vital **ser quem somos**... até que os adultos acabam nos silenciando.

Usando a metáfora do ovo e da galinha, gosto de começar pela galinha, que somos nós, mães. Por quê? Porque o ovo é a criança recém-nascida, que depende de nossos recursos de mãe e da capacidade que tivermos para entrar em fusão emocional de maneira intuitiva com a criança no momento do nascimento. E para — sobretudo — **lhe dar atenção**. Porque — se colocarmos a mão no coração — reconheceremos que todas as mães sentem as crianças, já que o fenômeno da **fusão emocional** também faz parte do desenho original das pessoas que deram à luz. De fato, as mulheres acham que estão enlouquecendo durante o puerpério como consequência da intensidade emocional que compartilham com suas crias. Portanto, é real o que **sentimos** pela criança. O problema é que não damos crédito a isso que sentimos. E ainda por cima, desmerecemos aquilo que a criança — de diferentes maneiras — manifesta.

Este é o motivo pelo qual sustento que é imprescindível que as mulheres que se tornaram mães sejam **responsáveis pelo futuro da humanidade.** Porque só conseguiremos voltar ao centro do amor, para o qual fomos criados, nos entregando ao equilíbrio e ao alinhamento perfeito de cada pequeno ser que vem ao mundo.

A benevolência

OS SERES HUMANOS NASCEM BONS

Se os seres humanos nascem bons, ou seja, com a **capacidade de fazer o bem**, só precisam se concentrar nessa questão. Viemos a essa Terra para fazer o bem ao próximo. Não há nenhum outro propósito.

Para fazer o bem, precisamos começar por uma ação muito simples: **pensar com benevolência** em alguém concreto, talvez nosso companheiro, nosso filho, nosso amigo, nosso vizinho, nosso aluno, nosso inimigo, nossa sogra. Pensar positivamente no outro e sobretudo lhe desejar permanentemente algo bom. O pensamento é uma energia muito poderosa, portanto é indispensável que nossa inteligência tenha a firme intenção de **fazer o bem**, já que, com certeza, essas decisões se transformarão em realidade.

Se perdemos a bússola ao nos observar e constatar que não surgem do nosso interior pensamentos bondosos em relação aos demais, é **urgente que nos relacionemos com crianças pequenas**. Se temos filhos pequenos, estamos no centro de uma oportunidade excepcional. As crianças pequenas só pensam com benevolência, não lhes ocorre outra coisa, já que vivem em um **eterno agora**. As crianças respiram submersas em sua própria felicidade, contanto que obtenham a satisfação de suas necessidades básicas.

Insisto: **todas as crianças nascem boas**. Para poderem praticar essa bondade, só precisam estar suficientemente amparadas — de modo que não tenham que desviar sua energia para cuidar delas mesmas, já que os adultos as protegem — e se dedicar ao **brincar**. Sabemos que as crianças — até os 7 anos de idade — têm a capacidade de estar em contato permanente com os universos sutis. Se relacionam espontaneamente com os deuses, com os anjos, com amigos imaginários, com outras dimensões e com outros tempos. Permanecem em contato com sua própria sabedoria humana, já que ainda não foram arrastadas para fora de seu próprio paraíso.

Por que esquecemos esses talentos? Por várias razões. Em primeiro lugar, por não termos sido **sentidos**, satisfeitos e percebidos por nossa mãe — que, por sua vez, atravessou uma infância horrível, carregada de abandonos e violência —, tivemos que pôr nossa inteligência a serviço da autoproteção. Se passamos nossa primeira infância tentando sobreviver, nos veremos obrigados a reduzir nossa disponibilidade para nos entretermos despreocupadamente, suprimindo o contato com outras dimensões.

A INTUIÇÃO

A consequência imediata de não brincar e da carência do amparo necessário para viver em confiança plena em nosso devir cotidiano é que vamos abandonando as **certezas intuitivas** com as quais viemos ao mundo. Sim, a **intuição** — que todos trazemos como parte do nosso desenho original e que atinge seu maior desenvolvimento durante a nossa primeira infância graças ao contato com os mundos sutis — não poderá se instalar como nosso principal recurso se não se proliferar em absoluta liberdade. Reitero que **a intuição é a expressão da inteligência**.

O que os adultos podem fazer para permitir que cada criança use suas intuições com absoluta liberdade e confiança? Protegê-la e assisti-la em qualquer necessidade física ou afetiva, satisfazendo sempre o menor dos pedidos. Depois, permitir que brinque espontaneamente, lhe assegurando uma proteção incondicional para que possa ir ao encontro de todos os seus amigos imaginários e, por último, estar atentos aos seus sinais, expressões e avisos. As crianças — conectadas intuitivamente com elas mesmas e com o universo — nos advertem, nos orientam e nos dão recados consistentes e valiosos.

Por exemplo, uma criança nos pede insistentemente para irmos embora de uma reunião familiar. Suplica que voltemos para casa. A princípio supomos que não seria correto ir embora antes do tempo, pois fomos gentilmente convidados. No entanto, a criança sabe que é fundamental fugir dali e nos faz entender com manifestações incômodas e irritantes. Acontece que naquela casa há alguém gravemente doente que requer toda nossa atenção. Nós respondemos derivando nossa energia e nossos recursos emocionais para essa problemática sem perceber que não estamos dando a nosso filho a atenção sutil de que necessita. Apenas quando a obstinação da criança nos obriga a sair dali, percebemos que estávamos sendo sugados para algo que talvez não consideremos uma prioridade.

O que acontece se desmerecemos os sinais das crianças — ou pior ainda — e se elas têm que se defender dos predadores, e não podem se dar ao luxo de tratar dos assuntos da alma humana? Então, estamos todos em perigo. A melhor maneira de voltar ao nosso lar, de encontrar paz e benevolência em nosso coração, é nos deixarmos levar pela intuição inquestionável das crianças pequenas, **lhes dando atenção** no assunto que for. Se não estão confortáveis, se há pessoas que elas temem, se percebem algum perigo ou, pelo contrário, preferem ficar em um lugar determinado, devemos lhes dar crédito. Logo confirmaremos a sua sabedoria inata e intuitiva.

COMO RECUPERÁ-LA?

Abandonando nossos preconceitos, opiniões e crenças. Ter razão não importa. E tampouco importam a raiva que acumulamos como consequência das feridas a que estivemos submetidos. É provável que a maioria das nossas reações seja simplesmente sequela de medos infantis que obviamente tiveram sua razão de ser no passado. É verdade que tudo aquilo que nos aconteceu durante nossa infância foi injusto. Se fomos obrigados a sublimar nossas certezas intuitivas, se não tivemos com quem compartilhar evidências porque não encontrávamos palavras para descrevê-las — ou então porque foram desmerecidas por nossos pais —, se vivíamos em perigo e desviamos todos nossos recursos para nos defender dos predadores no seio de nosso próprio lar, se qualquer mensagem do céu foi ridicularizada pelos adultos, se nossos sinais não foram ouvidos e nossos testemunhos corretos sobre as realidades que nos cercavam foram negligenciados, é compreensível que tenhamos nos afastado de nossa legítima clarividência.

Quando éramos crianças, estávamos nos eixos. Só pedíamos para ser compreendidos e acompanhados nesses despertares. Porém naquela época isso não aconteceu, mas, pelo contrário, nossa voz não foi levada em conta e tampouco nossas percepções. Essa foi uma verdadeira perda para a humanidade. Durante a segunda fase de nossa infância e durante a adolescência e juventude, simplesmente continuamos silenciando essas vozes internas, perdendo qualquer bússola interna. Até que esquecemos completamente nossa união com o cosmos.

Agora somos adultos e estamos no caminho de volta. Muitos de nós tentam encontrar o sentido de nossas vidas, já que não sabemos por que e nem para que vivemos. Em certas ocasiões, nos concentramos em trabalhar e ganhar dinheiro. Mas quando conseguimos gerar o dinheiro que consideramos suficiente, voltamos a ficar desorientados. De qualquer maneira, as intuições continuam aparecendo de vez em quando, mesmo que não as registremos. Às vezes, nos damos conta — quando se relacionam com fatos menores — e, outras vezes, as deixamos passar sem perceber a informação ou as indicações vitais que nos cercam.

De qualquer forma, invocar o silêncio, respirar com consciência, aproveitar pequenos momentos do dia para ficar sozinhos, estar atentos a supostas casualidades ou coincidências, ou dirigir pensamentos benevolentes a outras pessoas podem contribuir para que nossas intuições floresçam, pois sempre estiveram disponíveis.

Recordemos mais uma vez que **a intuição é a expressão da inteligência humana**. Podemos superar quase qualquer obstáculo se nos entregarmos intuitivamente à aparição das soluções adequadas. Essa confiança na sabedoria interior vai facilitar nossa vida cotidiana.

Nesse sentido, ter contato com crianças pequenas é o melhor recurso, desde que saibamos que **as crianças têm sempre razão**. Se pedem algo, é porque precisam. Se suplicam para sair de algum ambiente, é porque é urgente fugir dali. Se procuram nossa proteção, é porque estão em perigo iminente. Se reivindicam presença ou disponibilidade, é porque estão sendo incomodadas por questões do mundo material que as afastam do caminho dos deuses.

Por exemplo, uma criança avisa que há monstros do lado de fora de sua janela. Em vez de desmerecê-la explicando que monstros não existem, é imprescindível dormir com ela, porque o corpo envolvente e protetor do adulto afasta qualquer bicho-papão que possa aparecer. No entanto, mais surpreendente ainda será ver que quem consegue dormir com uma tranquilidade supostamente inalcançável é o adulto envolvido pela inocência pueril da criança.

O início da vida

PARTOS REALIZADOS DENTRO DA
INDÚSTRIA MÉDICO-HOSPITALAR

Para abordar o nascimento dos seres humanos nos dias de hoje, temos dois pontos de observação: a partir da experiência das crianças que nascem e a partir da experiência das mães que deram à luz. O conforto ou o mal-estar na experiência do nascimento depende — em parte — do parto que as mães vivenciam. Isso significa que as crianças já nascem submetidas ao distanciamento que suas mães tiveram em relação a sua própria ecologia pessoal e distantes de sua natureza feminina, se o parto acontece em más condições físicas e espirituais. Isso vai gerar consequências devastadoras para as pessoas.

Já descrevi em outros textos o desastre ecológico que significa parir nas condições em que a maioria de nós, mulheres ocidentais, costuma parir: submetidas ao medo, infantilizadas, medicadas ao extremo, controladas, desumanizadas, massificadas e maltratadas. Como sair desse sistema perverso do qual quase não temos consciência? Como documentar o nível de normatização da violência para com as mulheres durante a gravidez e o parto?

Em primeiro lugar, teríamos que refletir sobre por que procuramos um médico quando ficamos grávidas. É a coisa mais absurda que já vi. O que os médicos convencionais têm a ver com a gravidez e o parto? Claro que teríamos que abordar o conceito da medicina ocidental — coisa que faremos nos próximos capítulos — para colocar em seu justo lugar décadas de ignorância, estupidez, inaptidão e inépcias intelectuais, comparando-o com o falso discurso social segundo o qual a medicina salva as pessoas, não se sabe bem do quê. Além disso, temos enaltecido — ao longo do último século — as pessoas que estudam medicina até colocá-las em um pedestal próximo dos deuses, e temos projetado nos médicos saberes máximos, os quais — obviamente — eles carecem, na grande maioria dos casos.

A MEDICINA OCIDENTAL DISTANTE DA FISIOLOGIA DOS PARTOS

A medicina ocidental não sabe quase nada a respeito do acompanhamento das gravidezes e dos partos normais fisiológicos. Desde que a medicina alopática começou a controlar massivamente a gravidez e a intervenção nos partos, só deixaram feridos no caminho. Corpos de mulheres destroçados, almas de mulheres dilaceradas, crianças recém-nascidas machucadas.

Estamos tão condicionados para nos encaixarmos no sistema médico que ficamos em pânico ao pensar de que outra forma poderíamos atravessar uma gravidez e um parto sem a suposta proteção e infalibilidade da presença de um médico, e — pior ainda — sem a estrutura de um edifício hospitalar. No entanto, a presença dos médicos — em sua maioria homens — nas salas de parto são uma estranheza ultramoderna na história da humanidade, que não fez mais do que entorpecer e obstruir o desenvolvimento normal de nossos processos fisiológicos até chegar ao momento do parto. Não é verdade — insisto, não é verdade — que haja mais saúde, menos mortes perinatais ou menos riscos desde que a medicina ocidental entrou em um território do qual desconhece quase tudo. As fêmeas humanas — durante milhões de anos — conceberam e pariram seus bebês segundo as leis da natureza, geralmente acompanhadas e assistidas por alguma mulher sábia, e o fizeram colocando em jogo sua sabedoria ancestral, sua entrega e vitalidade.

O grande segredo para parir nas melhores condições possíveis é estar em condições de amparo, cuidado, conhecimento e proteção de nossa natureza feminina, coisa que não tem nada a ver com o que a medicina ocidental propõe, que é a **dominação** da mulher através de cortes pungentes, da humilhação, do maltrato, do controle de seus ritmos e do descrédito do que nós mulheres sabemos sobre nós mesmas. As ameaças e intimidações sobre catástrofes e riscos aterrorizantes que cairão sobre nós e nossos filhos se tentarmos escapar dos maus-tratos médicos são isso: apenas provocações.

As desgraças sobre as probabilidades de mortes de parturientes ou de bebês, que são usadas como advertências para nos inculcar o medo e conseguir que nos submetamos às ofensas e aos vexames da comunidade médica, não são verdade na dimensão em que são expostas. Muitas mortes ou complicações nos partos dependem dos níveis de pobreza, indigência, falta de higiene e subdesenvolvimento de muitas comunidades do mundo inteiro, mas têm pouco a ver com o desenvolvimento de um parto normal fisiológico.

Entendo que todos ouvimos um monte de opiniões e relatos duvidosos sobre partos e nascimentos, e isso nos causa angústia. Ter uma criança é algo relativamente excepcional em nossas vidas, por isso, com a intenção de garantir um êxito absoluto, queremos cuidar de todo o processo. Há quem diga que não há garantias em nenhuma área de nossa vida, mas dentro do circuito médico convencional essas garantias caem para uma porcentagem espantosa, embora discursos incorretos apontem o contrário.

O fato de as mulheres passarem pelos partos em um estado de submissão, despersonalizadas, assustadas, feridas, perfuradas, cortadas, anestesiadas, drogadas, manipuladas e sentindo-se pior do que uma barata, obviamente não favorece um estado de graça nem de carinho para receber o recém-nascido. Perdemos a conexão e o eixo de nós mesmas, e ficamos apavoradas, doloridas, feridas e muitas vezes atordoadas e drogadas. Nessas circunstâncias, nascem os bebês. Os recém-nascidos que esperam estar em harmonia com sua própria natureza nos braços carinhosos de suas mães não conseguirão isso se elas permanecem desorientadas depois de tanta violência.

COMO CHEGAMOS A ESSAS CONDIÇÕES DE SUBMISSÃO EXTREMA?

Para que as mulheres se submetam voluntariamente a maus-tratos indescritíveis desde a gravidez é porque experimentaram a violência — em qualquer de suas formas — desde suas próprias infâncias. No entanto, farei um "corte imaginário" para observar os acontecimentos, tomando como ponto de partida o momento em que temos a certeza de que estamos grávidas. Raramente confiamos em nossa intuição, recorrendo aos testes de gravidez que hoje em dia podem ser comprados em qualquer farmácia. Muito bem, deu positivo: estamos grávidas. O que fazemos? Marcamos uma consulta com um médico. Por quê? Podemos pensar por quê? Resposta equivocada: porque precisamos ser examinadas para saber se estamos bem. Reposta honesta: porque automaticamente escorregamos pelo caminho da submissão e do medo, delegando nossos saberes ancestrais e terceirizando a responsabilidade sobre nossos corpos, nossa sexualidade, nossas decisões e nossas escolhas a pessoas estranhas que nos darão orientações precisas, desligando-nos de qualquer compromisso com nosso próprio ser.

A corporação médica funciona através de um marketing afiado. Tudo o que é relativo aos médicos e à medicina parece circular em um degrau mais alto que o resto dos acontecimentos cotidianos. No entanto, a medicina não tem se interessado pelas mulheres, nem pela sexualidade, nem pelo desenvolvimento da fisiologia, nem pela saúde em nenhuma etapa da vida. Então é difícil entender por que as mulheres esperam que um organismo completamente distante de suas realidades físicas e emocionais cuide delas.

As mulheres — se realmente almejam uma civilização amável e justa — deveriam começar assumindo sua maturidade e responsabilidade, se cercando de amor, respeito e sabedoria feminina para preparar um parto normal fisiológico, ou seja, de acordo com nosso **desenho de fêmeas humanas**. Nada disso tudo tem a ver com a medicina como a entendemos hoje. No entanto, tem a ver, isso sim, com um caminho de introspecção e de contato com nossa essência.

Sei perfeitamente que, hoje em dia, todas as mulheres — assim que confirmam a gravidez — procuram um médico. O médico lhes indicará "acompanhamento" e pedirá uma quantidade de exames que, na grande maioria dos casos, não servem para nada. Sei que, por sua vez, os médicos permanecem prisioneiros dos sistemas de saúde, mas, sobre esse tema, desenvolverei conceitos nos próximos capítulos.

A questão subjacente aqui é que as mulheres **buscam amparo no lugar errado**. A soma de controles, análises laboratoriais, indicações, ameaças, iatrogenia e ansiedade, que vai aumentando no decorrer dos meses de gestação, vai deixando o território pronto para que as mulheres vivam assustadas, nervosas e, sobretudo, dependentes das indicações dos médicos. Perto da provável data do parto, aumentam o acompanhamento médico e a vontade de que o parto ocorra logo para acabar com tanto estresse.

A intensificação do acompanhamento e das consultas médicas deriva em outro elo da cadeia de problemas: a internação precoce das parturientes. Isso significa duas coisas: a primeira, que saímos de nosso lar para parir, o que é um despropósito. Ao longo de toda a história da humanidade, as mulheres pariram em seu lar, que é o seu refúgio confortável e íntimo e que lhes garante mais resguardo e confiança. Sair de casa para ir a um lugar ameaçador como é um ambiente hospitalar, que — como seu nome indica — é o lugar para onde vão os doentes —, já produz iatrogenia, colocando-as automaticamente em estado de alerta. A segunda, é que raramente vamos ao hospital porque começamos o trabalho de parto. Vamos porque o médico nos recomenda, já que o bebê "está pronto para nascer". É verdade que o bebê pode sobreviver fora do útero, mesmo que nasça muito tempo antes do tempo previsto. Mas o fato que ele consiga sobreviver não significa que haja motivos para tirar o bebê antes da hora. Esse costume — cada vez mais arraigado — de induzir os partos está provocando grandes dores nas mães e em seus bebês, sem que ninguém entenda que estamos alimentando uma tragédia humanitária.

INCOMPATIBILIDADE ENTRE MEDICINA E ASSISTÊNCIA AOS PARTOS

Os partos acontecem espontaneamente entre a 38^a e a 42ª semana de gestação. Esses dados são sempre aproximados. As mulheres são seres humanos, não são máquinas, por isso os ciclos podem variar. Há mulheres que podem parir depois da 43ª semana de gravidez ou até um pouco mais tarde. O ideal é que os bebês não nasçam antes do tempo. Por quê? Porque os bebês nascem imaturos, sem se desenvolver completamente. Portanto, quanto mais "assados" estejam, entrarão na vida terrestre em melhores condições. Ao contrário, quanto menos "acabados" estejam, mais obstáculos encontrarão para se adaptar e sobreviver.

Nada disso é exagerado. Pelo contrário, se efetivamente se relatasse toda a verdade sobre o atendimento aos partos no ambiente médico, constataríamos que a realidade é muito mais dura. Peço desculpas por ser a porta-voz de notícias tão ruins. Depois ocorre outra coisa: após terem vivido um parto sob ameaças e maus-tratos, as mulheres que buscam informações sobre suas opções para um acompanhamento mais amável procuram "médicos respeitosos". Isso é um contrassenso. Salvo honrosas exceções — elas existem, logicamente —, os médicos que trabalham em instituições médicas não aprenderam a acompanhar partos normais fisiológicos. Simplesmente nunca viram um parto sem intervenções. Não sabem como ele se dá. Não podemos lhes pedir que façam algo que não sabem fazer. A pergunta é: por que as mulheres esperam que sejam os médicos aqueles que as assistam com sabedoria, compaixão, delicadeza, entrega, paciência e idoneidade? Porque preferimos continuar acreditando infantilmente nos falsos discursos coletivos que decretam que "o médico sabe". Lamento dizer que não. Com relação aos partos e à sexualidade feminina, a princípio os médicos não estudaram nem se prepararam. Salvo — em alguns casos excepcionais — aqueles médicos que tenham resolvido se afastar das convenções, abandonando as instituições e tenham optado por se preparar, pesquisar, se maravilhar e aprender com as sábias parteiras, e tenham dedicado vários anos a **desaprender** o que haviam estudado na universidade. Nesses casos, esses poucos médicos já não se encaixarão nos formatos hospitalares e não poderão mais submeter as mulheres a rotinas vexatórias nem poderão mentir para elas, chantageá-las nem intimidá-las. Esses médicos também estão encurralados em uma contradição imperante: ou optam por acatar as normas e rotinas, ou mudam radicalmente seus critérios para atender as parturientes com respeito, reverenciando a humanidade da qual todos somos feitos.

Por isso — insisto — é ridículo que as mulheres esperem que os médicos as acompanhem no parto com respeito, quando elas mesmas estão entrando no sistema médico-hospitalar — organizado com base na submissão e na infantilização dos usuários — supondo que assim compram segurança. Ou uma coisa ou outra. As mulheres são as principais responsáveis pela catástrofe que vai se desencadear para elas e para seus filhos, por isso reitero que **as mudanças de que uma civilização solidária precisa dependem de nós.**

ABRINDO AS PORTAS AOS DEPREDADORES

À medida que as mulheres foram abrindo as portas da sua intimidade para a parafernália médica e para a máfia dos laboratórios, não temos outro remédio a não ser nos submetermos às leis e aos interesses médicos, a menos que decidamos retroceder às nossas origens. Se decidirmos voltar à nossa natureza feminina, não teremos mais o que fazer nos consultórios médicos nem nos hospitais. Por ora, não vejo meio-termo. O nível de violência que se instalou durante os últimos cem anos nas salas de parto não deixa lugar para dúvidas. No momento do parto, não deveriam estar presentes mais do que a parturiente e alguma mulher sábia e treinada para acompanhar. O ambiente deveria ser silencioso, de recolhimento, aprazível, sem interrupções, sem pressa, sem indicações, sem provocações, e com infinita compaixão e disponibilidade para a experiência extraordinária que estarão vivendo a mãe e a criança por nascer. Nada disso é possível dentro das regras dos hospitais nem tal como é concebida a medicina alopática.

Entrar em um hospital já produz uma complicação no desenvolvimento normal do trabalho de parto. É como se, para fazer amor com nosso parceiro, só nos fosse permitido praticá-lo sob o monitoramento de uma instituição médica, com acompanhamento médico invasivo, indicações permanentes e submetidos ao escrutínio de especialistas por não estar cumprindo com os prazos e os objetivos segundo os parâmetros normais. Imaginam algo assim? Soa ridículo? Pois é igualmente absurdo que atravessemos a jornada do parto nessas condições. É óbvio que não conseguiríamos fazer amor, ou pelo menos não seria possível nos fundir amorosamente no outro, nem teríamos experiências sublimes nem gozaríamos extasiados pelo encontro espiritual com nosso amado. Isso só seria possível na intimidade, sem ser observados, nem julgados, nem submetidos a nenhum teste.

Uma vez que as parturientes entram em uma instituição médica, passam a ser prisioneiras. Não têm liberdade para ir embora nem para tomar nenhuma decisão pessoal. Todas as rotinas impostas funcionarão em detrimento do desenvolvimento normal do parto: estar em um lugar pouco amigável. Ter que permanecer deitadas. Receber oxitocina sintética através de um soro para acelerar as contrações. Tolerar toques vaginais, às vezes praticados por vários estudantes de medicina. Dispor de um tempo determinado para dar à luz por vias normais; caso contrário, serão castigadas com uma cesariana. Permanecer imobilizadas não apenas pela introdução da oxitocina em um gotejamento constante, mas pela colocação de um cinto de monitoramento permanente. Tudo isto sem contar que circulam enfermeiras que lançam frases infelizes, ou que às vezes nossos companheiros estão resolvendo questões burocráticas ou simplesmente dificultam sua entrada no quarto em que estamos acomodadas. Ou que não haja nenhuma amiga nem uma pessoa amável que nos cumprimente, nos chame por nosso nome ou nos sugira movimentos suaves para aliviar a dor.

Na maioria dos casos, entramos na instituição médica sem que o trabalho de parto tenha sido iniciado, portanto nos administrarão prostaglandinas para provocá-lo ou altas doses de oxitocina sintética ou às vezes apenas decidem fazer uma cesariana.

Os relatos das parturientes são numerosos e desumanos, mas não me ocuparei aqui de transcrever as experiências, já que quase todas nós temos as nossas. A princípio não recordamos as violações sofridas durante as hospitalizações, em parte porque os maus-tratos fazem parte das nossas vidas e a violência está normatizada, e em parte porque o discurso médico diz outra coisa: que o bebê nunca iria nascer porque o cordão umbilical está enrolado no seu pescoço, ou que o salvaram porque a frequência cardíaca havia diminuído, ou que perdemos muito sangue ou o que quer que seja. Isso aconteceu de verdade? Às vezes sim, às vezes não. Em algumas ocasiões, isso que aconteceu — por exemplo, o sofrimento fetal — foi consequência de todos os procedimentos anteriores. Ou seja, se não tivéssemos sido submetidas a tantas manobras inúteis nem à pressa, isso não teria acontecido. Em outras ocasiões, nos contam histórias como se fossemos crianças, então não poderemos obter os dados necessários para averiguar o que aconteceu de verdade. Só nos resta acreditar naquilo que nos foi dito, portanto é isso o que recordaremos: que o parto acabou em cesariana porque o bebê "não nascia". E que, por sorte, ele nasceu saudável.

Geralmente, as mulheres que se negam a sair de suas casas para dar à luz são chamadas de "corajosas". Eu acho que é o contrário: são as que sentem mais medo. Por isso, não se atrevem a entrar nos hospitais onde, obrigatoriamente, serão machucadas, feridas, cortadas, anestesiadas, drogadas e maltratadas.

Os bebês nunca machucam nossos corpos ao sair do canal de nascimento. São os bisturis que nos ferem. Depois de um parto em casa, a recuperação é quase imediata. Ao contrário, depois de atravessar um parto em uma instituição hospitalar, acabaremos feridas. Também quero destacar que o aumento impressionante de cesarianas durante os últimos trinta anos não faz mais do que comprovar o despropósito geral da assistência a partos massificados. Estamos cada vez pior.

É verdade que muitas mulheres *preferem* uma cesariana pelo temor e a impressão que nos dá ao pensar que o corpo de um bebê vai sair através do aparelho genital. Essa escolha parece ser cada vez mais frequente. No entanto, essas supostas decisões são consequência do marketing médico, que dá prioridade ao conforto das instituições — porque facilitam o planejamento — em vez de dar prioridade à experiência vital de uma mulher que se torna mãe e a uma criança que espera nascer em harmonia com seu próprio tempo.

É estranho que algo que deveria ser comum e cotidiano como é o nascimento das criaturas da nossa espécie tenha sido desvirtuado a ponto de naturalizar a prática de cesarianas como se fosse a maneira esperada de parir. Esse hábito que se arraigou no pensamento da comunidade revela a perda de contato com nossa própria natureza feminina. Reitero que tudo isso é um verdadeiro **desastre ecológico** em grande escala.

A EXPERIÊNCIA DOS BEBÊS QUE NASCEM EM INSTITUIÇÕES MÉDICAS

Do ponto de vista dos bebês que nascem, as coisas não são melhores. A medicina contemporânea desconhece as enormes desvantagens que implicam aos recém-nascidos, estar fora do útero de sua mãe sem aviso prévio, sem preparação, sem a lenta passagem pelo canal vaginal e sem a quantidade de hormônios que começam a fazer efeito ao longo de todo o processo do parto.

De repente... estamos fora.

Mal nascemos e somos submetidos a uma **experiência assustadora: o corte imediato do cordão umbilical**. Só uma civilização violenta, brutal e sanguinária pode ter instaurado uma ação tão feroz e impiedosa sobre nós, as criaturas humanas. A natureza previu uma passagem lenta e suave do meio aquático para o meio aéreo. De fato, se não houvesse intervenções — assim que emergimos do canal de parto —, continuaríamos recebendo oxigênio e nutrientes através do cordão umbilical. É fácil constatar que o cordão continua pulsando durante vários minutos depois do parto, coisa que nos permite — sem pressa — ir respirando pequenas quantidades de ar. Quando respiramos aos poucos, o oxigênio que entra em nossos pulmões o faz delicadamente quando tossimos, cuspimos e expectoramos algumas secreções.

Pelo contrário, se — sem aviso prévio e de forma imediata — nos cortam o fornecimento de oxigênio através do cordão umbilical, nos vemos obrigados a aspirar uma grande porção de ar, além de arrastar as secreções e mucosidades para o interior de nossos aparelhos respiratório e digestivo. O ar gélido entra provocando uma explosão em nossos pulmões que começam a funcionar pela primeira vez. Essa brutalidade dói.

Como consequência da dor, os bebês choram e os adultos comemoram. Não é um despropósito? Nesse mesmo momento — em pleno sofrimento e desespero —, ao aspirar o ar, os recém-nascidos arrastam para dentro de seus organismos todas as secreções e muco que têm ao redor da boca e do nariz. O resultado será terrível, pois, ao invés de expulsar as toxinas, as empurram para dentro. Então, será necessário implementar uma das manobras mais cruéis em seus corpos delicados: vão aspirá-los com uma sonda nasogástrica, sem anestesia e — logicamente — sem compaixão por seu choro desesperado.

As unidades neonatais nas quais são praticadas essas manobras cotidianas se transformam em verdadeiros centros de tortura. Essas barbaridades acontecem todos os dias, mas ninguém parece se preocupar muito. Claro, os bebês não podem reclamar seus direitos, não convocam greves nem contam com o apoio da imprensa a favor de seus gritos desesperados. Ninguém escuta as vozes dos bebês que chegam ao mundo. Por isso, meu objetivo é — em parte — dar o direito de se expressar aos recém-nascidos.

Isso que descrevo acontece o tempo todo nos hospitais. Não são casos isolados, e sim procedimentos rotineiros. O corte imediato do cordão umbilical não tem absolutamente nenhuma indicação médica. Não existem fundamentos para que se corte o cordão umbilical antes que pare de pulsar. Não vejo outros motivos além da indiferença, do desapego e da violência naturalizada para que os adultos maltratem de forma tão impiedosa seus próprios bebês. O que podemos esperar das crianças se as tratamos assim, quando mal surgem nesta vida? Depois de uma experiência tão horrível, o que as nossas crianças podem esperar de nós, os adultos que deveríamos protegê-las e amá-las?

O costume de maltratar os bebês recém-nascidos já é rotina. Algumas ações são executadas logo depois do nascimento e antes que sejam entregues às suas mães. Outras se multiplicam durante a estadia das mães e dos bebês internados nas instituições médicas.

OUTRAS PRÁTICAS HABITUAIS

Se apenas sentíssemos a delicadeza de cada criatura emergindo do abrigo absoluto do útero materno e se apenas entrássemos em contato com nossa compassiva humanidade, não seríamos capazes de ferir bebês que acabaram de nascer. Se temos um coração tão frio e emoções tão corrompidas, é porque experimentamos a injustiça, a crueldade e a maldade quando fomos crianças. Nessa cadeia inconsciente de maus-tratos, perpetuamos o desamor em todo e qualquer ato banal e rotineiro, exercido sem que haja mediação nem conexão com um sentimento de empatia. Por isso é imprescindível que observemos com cautela cada ação, opinião ou prática que podem ser consideradas triviais, mas, no entanto, agregam mais um elo à sucessão de ofensas e humilhações invisíveis sobre os seres humanos.

De fato, a quantidade de práticas invasivas e dolorosas sobre os recém-nascidos são habituais e não parecem incomodar ninguém. Ali **tem origem a violência** invisível que perpetuamos a cada dia.

Entre as práticas neonatológicas mais frequentes e que menos chamam a nossa atenção está a escovação dos cabelos dos bebês. Sim, submetemos os recém-nascidos a uma lavagem sob um jorro de água, com a escovação incluída. Não é uma imersão suave em uma banheira com água morna para que se relaxe. Não. É uma agressão. Ainda que se queira penteá-los: é importante saber que as cabeças dos bebês são muito delicadas, alguns nascem com muito cabelo e ainda conservam secreções duras, restos de sangue e crostas que podem levar dias para se soltar. De fato, às vezes as mães esfregam suavemente com óleo de amêndoas durante semanas até que os restos se soltem. Por isso, não há sentido algum em machucar os bebês esfregando-os com força, só para entregar uma criança supostamente impecável e sem rastros de sua vida intrauterina.

O AUMENTO DA POPULAÇÃO NAS TERAPIAS DE CUIDADOS NEONATAIS

Além de todas as manobras desnecessárias aplicadas aos corpos dos bebês recém-nascidos, o cenário piora já que tudo acontece longe dos braços de suas mães. Com frequência — diante do seu choro comovente —, são acalmados com uma mamadeira de água com glicose. Uma verdadeira catástrofe. Reitero que aqui se origina o **berço da violência**. É uma calamidade que as crianças sejam recebidas assim para a vida. É o reflexo fiel da civilização bárbara que constituímos.

Como muitas mulheres se submetem a cesarianas antes de entrarem em trabalho de parto, é recorrente que os bebês nasçam prematuros e que tenham que passar dias, semanas ou meses em cuidados neonatais. Todo esse tempo será um período assustador, já que os bebês teriam que ter ficado em um único lugar: **nos braços de suas mães**. Cada dia de internação em clínicas neonatais deixa marcas de dor indeléveis. Vale a pena investigar e constatar a impressionante epidemia de prematuros que há no mundo ocidental e como estão lotadas as unidades neonatais de terapias intensivas. Isso seria um êxito da medicina?

Muitas crianças nascidas com uma deficiência mínima ou com pouco peso poderiam se recuperar nos braços de suas mães. Outras precisarão indefectivelmente de cuidados neonatais, principalmente se não conseguirem respirar sozinhas. Nesses casos, poderiam ser criados ambientes de internação conjunta, para que mães e bebês — corpo a corpo — atravessem esses períodos críticos dispondo de tudo que favorecesse a fusão emocional para uma recuperação prazerosa tanto da criança como da mãe.

O QUE PODEMOS FAZER?

Muito.

Em primeiro lugar, as mulheres podem assumir sua responsabilidade e decidir parir em contato consigo mesmas e em total respeito à sua fisiologia e à do bebê que vai nascer. Informação há de sobra. A internet existe e basta uma mínima busca para que se encontre inúmeras possibilidades saudáveis, honestas, fáceis, simples e próximas de nossa residência. Em alguns países, há mais oferta do que em outros, mas há opções cuidadosamente pensadas para dar à luz em casa, em quase todos os lugares.

Por que é tão importante — para o **devir da humanidade** — parir em boas condições, sem anestésicos ou fármacos? Porque o parto fisiológico desencadeará espontaneamente uma série de reações previstas em nosso desenho original, provocando nas mães o indiscutível sentimento de **apego** pela criança. Isso que chamamos banalmente de **amor materno,** que é a pura **devoção e paixão pelo recém-nascido.** Reitero que estamos falando da transformação da **civilização rumo a um sistema solidário, ecológico e amoroso.** Aquilo que acontece entre nós e nossas mães no momento do nascimento terá um **impacto transcendente no futuro da nossa civilização.**

O INSTINTO MATERNO

Por que muitas mulheres não sentem esse apego? Por que supõem que o instinto materno não aflora? Por que muitas mulheres gostariam de devolver a criança? Porque, **quando a criança nasce, o instinto materno só se manifesta se parimos em boas condições.** Mas, ao contrário, se as mulheres em algum momento estiveram assustadas, ameaçadas, sozinhas, feridas ou drogadas, o instinto que vai emergir é o da **sobrevivência,** que anula o instinto materno.

Dar à luz cercadas de amor e respeito, com profunda introspecção, em movimento corporal permanente e sem se ocupar com absolutamente nenhuma indicação nem preocupação em relação ao progresso do parto, além de uma bênção para as mães, garante que vão produzir — sem obstáculos — uma quantidade de hormônios que lhes garantirão o apego à criança.

Por sua vez, tudo o que os recém-nascidos precisam é que suas **mães os sintam**. Se a mãe os sente, vai recompensá-los e correspondê--los milimetricamente. Então, estarão em seu próprio paraíso. Nos braços de sua mãe e **sentindo-se sentidos**, poderão enfrentar os primeiros desafios da vida terrestre: respirar, regular a temperatura, digerir o leite materno, evacuar. Todas habilidades novas e árduas que, em condições de amparo e proteção, saberão administrar.

Todos os adultos têm algo urgente para fazer, sejam homens ou mulheres, jovens ou velhos, com ou sem filhos: é imprescindível que apoiemos cada mulher para que encontre sossego, apoio, amparo e repouso para dar à luz em seu próprio lar, com todo o cuidado que as mulheres merecem, acompanhadas por alguma mulher sábia e experiente, que as leve suavemente ao êxtase de uma experiência vital única.

Parir em paz, cercada de carinho e respeito, é algo muito simples. Sei perfeitamente que há inúmeras vozes a favor e contra essas questões. O problema não é discutir quem tem razão, porque em geral opera o **medo**. Sim, esse medo que carregamos desde que somos crianças, criados no desemparo e no desencanto e que — sem segurança afetiva — reproduzimos em todas as áreas nas quais não temos o controle absoluto. Também entendo que imaginamos os partos como nos filmes de Hollywood, nos quais as cenas são construídas de acordo com fantasias infantis que não têm nada a ver com o desenvolvimento fisiológico dos partos das fêmeas humanas. A maioria dos adultos é bastante ignorante sobre estas questões, por isso só contam com referências ilusórias. Portanto, vale a pena perguntar a cada pessoa que opina e critica se já fez um parto em casa. Se nunca pariu em casa ou se nunca acompanhou uma parturiente na experiência de um parto em casa, por favor, se abstenha de opinar.

Isso é algo muito concreto que podemos fazer a favor da humanidade: ficarmos quietos se não sabemos nada sobre este tema em particular.

Significa que os partos respeitados, vividos na intimidade e cercados de amor são perfeitos? Não. Mas, sim, é urgente sair do caminho da ignorância. Claro que podem surgir inconvenientes e inclusive uma cesariana, se o parto se complicar. Nesses casos, é uma bênção que exista a tecnologia adequada para dar conta de partos complexos. Mas o fato de que em alguns poucos casos necessitemos usar técnicas cirúrgicas não significa que todas as parturientes tenham que se submeter a essas intervenções quando são desnecessárias.

Definitivamente, as mulheres terão que assumir um dia o controle de suas sexualidades, de seus corpos, de seus ritmos e de seus partos. Se não começarem assumindo a responsabilidade sobre seu próprio devir, não poderão esperar que a civilização tome um rumo solidário.

A infância

O VÍNCULO AMOROSO ENTRE MÃES E BEBÊS

De acordo com nosso desenho original, as criaturas mamíferas humanas atravessam um longo período de dependência em relação às suas mães e a manifestam através de um forte anseio de conexão, prazer físico e sensorial e, sobretudo, através do desejo de amar e ser amadas. Se as mães fossem capazes de fluir para dentro do esquema previsto por nosso desenho, mantendo-se unidas a seus filhos no prazer amoroso, na ternura e na compaixão, qualquer organização social de qualquer comunidade logo estaria orientada para a solidariedade e para a colaboração mútua — em vez de estar orientada para a conquista. Todo sistema amável é congruente com nossa evolução biológica, na qual não existe o conceito de maltratar, machucar nem tirar a vida, e sim pelo contrário: venera-se o dar e o nutrir ao outro. Em cada vínculo amoroso (sendo fiéis ao desenho original) de cada mãe com cada criança, está a base para voltar ao paraíso, ou seja, para concretizar uma transformação pessoal e social.

Se observamos o pouco que sabemos da história da humanidade, parece que houve momentos nos quais a linguagem espiritual expressa na procura da beleza, da verdade, da justiça e do amor permitiu a evolução da espécie em direção ao desenvolvimento mental, emocional e espiritual até alcançar o que chamamos de consciência superior. A sexualidade humana é e foi um ingrediente essencial na busca pelo conforto e pelo prazer. Desde que nascemos, tentamos alcançar o bem-estar nos braços de nossa mãe, que nos acaricia, nos lambe, nos abriga e nos trata com ternura. Esta primeira experiência amorosa nos permitirá depois alcançar uma verdadeira sintonia com a consciência superior para — durante a idade adulta — sermos capazes de criar organizações equitativas e de intercâmbio solidário. Insisto que o prazer físico e sensorial abre as portas para estabelecermos vínculos baseados no dar e receber, ou seja, no benefício mútuo.

Durante milhares de anos, as sociedades pré-patriarcais nas regiões férteis do planeta se orientaram para um modelo solidário, graças ao qual nossa espécie possui uma enorme flexibilidade e variabilidade, além de ser dotada de uma extraordinária capacidade para a escolha consciente. Essas experiências históricas nos oferecem as maiores esperanças, não apenas para vidas pessoais mais satisfatórias, mas, principalmente, em prol da sobrevivência planetária. Depois de séculos de patriarcado, ou seja, de uma civilização baseada na dominação do forte sobre o fraco — cujas consequências são devastadoras —, precisamos escolher a alternativa amorosa.

O MALTRATO COMO FERRAMENTA PARA A DOMINAÇÃO

Hoje em dia achamos difícil imaginar uma civilização amável, já normatizamos o sistema dominador que tem utilizado o descontentamento e a dor física como armas implacáveis para a domesticação das crianças. O hábito de infligir dor — sobretudo em crianças pequenas — está completamente ligado às civilizações de conquista — como a nossa — que sustentamos há pelo menos cinco mil anos. Entendo que não sejamos capazes de adotar uma visão distanciada deste sistema de domínio, porque não dispomos de outras referências.

As crianças foram obrigadas durante a infância a reprimir qualquer vestígio de desejo, contato, prazer e bem-estar, aceitando as imposições dos adultos que cuidaram delas com autoritarismo e frieza. Como consequência, se transformaram em adultos susceptíveis ao domínio, à manipulação e à exploração; ou vieram a se identificar com a força brutal para infligir dor aos outros.

Tendo sido criados em famílias nas quais as hierarquias rígidas e os castigos dolorosos eram corriqueiros, aprendemos precocemente a reprimir a ira em relação aos nossos pais, direcionando essas raivas reprimidas contra aqueles que percebemos como fracos. Também nos acostumamos a negar esse sofrimento infantil, tomando como nossa a lente dos adultos que nos criaram e — uma vez transformados em adultos — submetendo os nossos filhos a essa atrocidade, perpetuando a mesma lógica cruel em uma cadeia transgeracional de sofrimento.

É verdade que não sabemos nem como nem em que momento histórico os seres humanos se afastaram do seu instinto por prazer e conforto e instauraram as conquistas, criando guerras, abusos, horrores e injustiça. Alguns estudiosos consideram que talvez tenham ocorrido em períodos de grandes secas e em ambientes hostis, e, portanto, como consequência de traumas por desnutrições severas, provavelmente tenha surgido o uso da força bruta para se apropriar do pouco alimento disponível. E talvez depois esses padrões de conduta tenham continuado a se desdobrar em ações que justificavam a violência, sempre com o objetivo de obter alimento para a própria comunidade. Assim, aumentaram as guerras e os mais fracos, sobretudo as mulheres e as crianças pequenas, foram dominados. Ao longo dos séculos, foi se institucionalizando o abuso, persistindo na utilização da crueldade e da agressão ao outro, inclusive enquanto se atravessavam períodos de abundância.

Assim foram se estabelecendo as civilizações bélicas, dominadoras e repressoras até os nossos dias. De fato, quase todas as culturas que conhecemos atualmente subestimam as emoções, a ternura, a fragilidade e a vulnerabilidade das crianças. No entanto, valorizam a dor, os castigos físicos, a devida obediência e a autoridade à força de repressão e penitências, o medo de quem detém hierarquia ou poder e a repressão sexual como principal recurso para privar cada criança do contato prazeroso consigo mesma.

Assim a violência foi se instaurando entre pais e filhos, senhores e escravizados, governantes e súditos, países ricos e países pobres, homens e mulheres. Essa é a nossa herança cultural ao ponto que não podemos imaginar outra maneira de nos relacionarmos. Nosso sistema civilizatório idealiza a violência — ou seja, normatiza o fato de ganhar ou perder, em qualquer âmbito ou circunstância — desprezando a afetividade, a compaixão, o carinho, a empatia e a solidariedade.

Não é tão difícil vislumbrar a relação direta que existe entre as experiências de maltrato durante a nossa infância e a acumulação de raiva e vingança que logo direcionaremos contra nosso próximo, sobretudo se aparecer ao nosso redor uma pessoa mais vulnerável.

POR QUE É TÃO IMPORTANTE SERMOS CARINHOSOS COM AS CRIANÇAS

Qualquer sonho de felicidade depende de nossas experiências primárias. Aquilo que sentimos na infância — quando o bem-estar e o prazer deveriam ser recebidos do adulto que cuidava de nós porque não podíamos gerá-lo nós mesmos — vai condicionar a qualidade de todo nosso leque de percepções. Durante a infância se organizam as sensações básicas, que depois vão ser o suporte de toda nossa organização psíquica posterior: nossas crenças, opiniões, pensamentos, escolhas amorosas, sexualidade, segurança interior, liberdade e entrega. De fato, ainda não chegamos a vislumbrar os impactos que têm — sobre a totalidade de cada vida humana — as experiências amorosas durante a infância ou, pelo contrário, o hábito de viver em solidão ou isolados afetivamente pela distância emocional de nossas mães.

Depois, quando nos tornamos mães ou pais e somos inundados pela exigência cotidiana da criação dos pequenos, perdemos de vista o alcance que tem para a humanidade inteira que essa criança, que é nosso filho, se sinta bem tratada, atendida, percebida e satisfeita. Infelizmente, — sem um processo de indagação pessoal e sem consciência de nossos recursos adormecidos—, perpetuamos em uma cadeia transgeracional a ignorância que cultivamos sobre a perfeição refinada do ser humano.

Por isso reitero a importância que tem para cada um de nós abordar a própria **biografia humana**. O que pode nos trazer este método de investigação? Um olhar honesto, amplo, aberto e verdadeiro sobre a subjugação sofrida durante nossa própria infância e sobre os mecanismos de sobrevivência usados para superar uma infância injusta, sempre do ponto de vista da criança que fomos. O primeiro requisito para levar uma vida mais consciente é analisar com os olhos bem abertos nossa própria infância. Isso nos dá preguiça? Sim, claro. Mas, acima de tudo, dá medo, porque intuímos que vamos encontrar mais dor e desenraizamento afetivo do que suspeitávamos. É grave? Não, o mais grave já aconteceu. Agora somos pessoas adultas. Mas, se não assumirmos o trabalhoso processo de rever nossa própria história, depois — por mais que tenhamos boa vontade — não conseguiremos mudar a favor do nosso próximo. Por quê? Porque, diante de cada desafio vital, são disparados nossos "pensamentos automáticos", que são os mecanismos que utilizamos desde tempos remotos e com os quais estamos habituados a nos relacionar.

Por exemplo, é comum que as mães prometam a si mesmas não ser tão repressoras nem exigentes com seus filhos como suas mães foram com elas. No entanto, embora as intenções sejam verdadeiras, surge a intolerância quando seus filhos relaxam, se divertem e não mantêm uma disciplina que para elas é básica. O que deu errado entre a intenção de mudar e a real capacidade de mudar? A falta de consciência sobre nossa própria realidade emocional. Insisto em propor a **biografia humana** como um método de indagação objetivo, que organiza os cenários completos levando em conta o passado, o presente e o futuro junto à trama afetiva de cada indivíduo, mas usando como referência principal o **desenho do ser humano**, ou seja, a distância que há entre as expectativas que cada um de nós trazia ao nascer e a desilusão com as experiências vividas.

Se concordamos que cada criança deveria receber absolutamente tudo aquilo do que necessita em nível de cuidado, proteção, percepção, contato corporal, disponibilidade afetiva e resguardo, então temos a obrigação de conhecer em detalhes de qual realidade emocional cada um de nós parte para poder — de verdade — oferecer a cada criança o bem-estar que ela merece.

Nossa civilização só terá chances de viver com paz e prosperidade se voltarmos a pôr cada criança no centro do palco.

A REPRESSÃO SEXUAL COMEÇA NOS PRIMEIROS DIAS DE VIDA

Aqueles que têm a oportunidade de observar uma criatura humana recém-nascida nos braços de sua mãe — especialmente um bebê amamentando — perceberão a força vital e o entusiasmo com o qual ele se desenvolve. De fato, os bebês sugam com força, se envolvem, demandam uma atenção exclusiva, procuram os olhos de sua mãe, requerem sua disponibilidade total, mamam fascinados, retorcem seus pequenos corpos, satisfazem sua fome até ficarem exaustos e culminam o encontro com o seio materno envolvidos em um orgasmo de êxtase e paixão. A libido que circula entre mães e bebês é expressão do prazer sagrado e predispõe — com intensidade e liberdade — toda nossa vida sexual futura.

É assim mesmo? Não nos pareceria tão surpreendente se nós, mulheres, pudéssemos parir em liberdade e constatássemos que o prazer corporal é o protagonista dessa história. Então, a lactância e o vínculo fusional com seus bebês ligados a seus corpos e batendo coração com coração seriam uma simples continuação óbvia da intensidade amorosa que estamos vivendo.

O que atenta contra esse esplendor de corporalidade, fluidos, prazer e ternura? Em parte, a repressão sexual que arrastamos conosco desde gerações anteriores à nossa, e também a distância corporal e afetiva a que estivemos submetidas em relação às nossas próprias mães quando éramos pequenas e depois arrematamos com uma assistência infeliz no parto. Esse excesso de experiências penosas nos leva a nos separar do corpo de nosso bebê. Acontece que o primeiro ano é o período de maior vitalidade, libido e entusiasmo pela vida. Mas negamos ao recém-nascido essa experiência prazerosa obrigando-o a reprimir sua potência e a se conformar com sua solidão e isolamento corporal. Esse é o início da famosa repressão sexual que depois continuará fazendo estragos ao longo da vida de cada indivíduo.

O mecanismo repressor segue seu curso no decorrer de toda a infância: supomos que as crianças devam ficar quietas — indo contra a natureza dos filhotes, que precisam explorar, se movimentar, escalar, correr, se esconder, fazer bagunça e tentar todo tipo de acrobacia.

À medida que as crianças vão crescendo, o acesso ao corpo de suas mães será cada vez mais restrito. É normal que surja a frase "você já é grande", em geral usada pelos adultos quando a criança pede para ser carregada no colo. Obviamente, também serão incitadas a não tocar em seus próprios corpos e a não ter contato com o corpo de outras crianças. As doses de uma suposta moral religiosa também contribuem para a repressão, mas o maior estrago é a ausência da voluptuosidade do corpo materno em comunhão com a criança.

Deste modo, algumas pessoas vão cortando qualquer vestígio da vibrante exuberância, seja fragmentando o campo emocional, esfriando os sentimentos ou anestesiando qualquer vivência sensível. Assim, chegamos à adolescência.

A adolescência é uma nova oportunidade; na verdade, a considero um segundo nascimento. Por quê? Porque — assim como na fase de bebês — surge novamente uma força vital e um entusiasmo dignos de gladiadores. O desejo nos envolve: seja sob a forma de uma potente atração sexual por uma outra pessoa ou dimensionando qualquer desejo ardente em relação à vocação, ao afã de fazer o bem, viajar, experimentar, conhecer ou explorar.

Por que então muitos adolescentes não têm desejo de nada? Por que se alcoolizam, perdem tempo ou dormem? Por duas razões fundamentais: a primeira é que provavelmente suas infâncias foram marcadas por um nível de repressão tal que desistiram. Compreenderam que não há lugar neste mundo para manifestar seus próprios desejos ou ambições, muito diferentes das expectativas de seus pais. A segunda é que estão atravessando este período da adolescência sob um rigoroso e obsoleto sistema de proibições, incompreensão, obediência e disciplina; portanto, não encontram nenhuma brecha por onde drenar a criatividade e a beleza que conservam em seu interior. Desenvolverei estes conceitos nos próximos capítulos.

COMO A REPRESSÃO SEXUAL SOFRIDA INFLUENCIA A VIDA DO ADULTO?

É importante enfatizar que a vida sexual não é sinônimo de vida genital. A genitalidade é uma pequena porção da sexualidade humana. A sexualidade é grandiosa porque é a expressão fidedigna de todo tipo de desejo, vontade, anseio, sonho, potência criativa e paixão. É o combustível de nossa vida. Tudo aquilo que sejamos capazes de realizar em qualquer âmbito — seja afetivo, profissional, social, esportivo ou político — depende da nossa força vital, ou seja, da nossa sexualidade.

O impulso, a energia e a potência — quando tiveram o caminho livre porque nosso desejo ardente durante a primeira infância se manifestou sem repressão nem restrições — movem montanhas. Insisto: se tivemos um acesso livre à voluptuosidade e à exuberância amorosa de nossa mãe significa que adquirimos uma espontaneidade afetiva que exibiremos inevitavelmente em todos os âmbitos em que pretendamos desenvolver nossos dons. Há uma coisa que se adquire ou não durante a primeira infância: a segurança interior. E há algo que se manifesta ou não: a libido que todos os seres vivos têm.

Essa vontade, esse desejo de oferecer nossas habilidades ao próximo, essa paixão por fazer o bem, são inatas em todas as criaturas humanas. Estão inscritas em nosso desenho original. Só é preciso que não sejam reprimidas durante nossa infância. O acesso ao corpo de nossa mãe e a certeza de que ela nos protege, nos ampara e nos encoraja a cada passo são suficientes para revelar todas as nossas habilidades, fazendo uso da ousadia e da espontaneidade com a qual as crianças costumam se expressar.

Nesses casos, não há limites para a evolução pessoal nem há fronteiras para amar. A sensação interior é a de que tudo é possível. E essa percepção nos acompanha ao longo de toda nossa vida adulta.

Em vez disso, se nossa libido foi reprimida, depois acreditaremos que nossos desejos são inalcançáveis e que nada vale a pena. Mas, principalmente, permaneceremos adormecidos, desprovidos de nosso próprio fogo, apáticos, indiferentes e insensíveis à dor alheia.

A repressão de nossa sexualidade não apenas atenta contra a concretização de nossa vitalidade futura como, além disso, enfraquece nossa solidariedade para com os demais. Se não contamos com nosso entusiasmo a favor do próprio desenvolvimento, nos interessará muito menos a evolução do nosso próximo.

Insisto que a observação de uma criança apaixonada mamando no seio de sua mãe deve contribuir para que ampliemos o olhar e compreendamos que os seres humanos têm ali — nesse breve período — a chave para a realização do bem-estar comum.

A alimentação

A LACTÂNCIA FERIDA

Assim que nascemos, precisamos respirar e nos alimentar. Não há limites para o consumo de ar. Para o leite materno — a princípio — também não há limites. Por isso, todas as espécies de mamíferos somos desenhadas da mesma maneira: dispomos de um primeiro período de amamentação até que nosso aparelho digestivo esteja suficientemente maduro para incorporar a dieta dos adultos de nossa mesma espécie.

Se construíssemos uma **civilização centrada na criança**, a lactância fluiria com facilidade. Não seria um problema para nenhuma mãe nem para nenhuma criança, simplesmente porque a criança permaneceria atada ao nosso corpo e beberia de nossos seios cada vez que tivesse vontade.

Esta obviedade — de tão simples que é — traz um sem-número de complicações tal como está organizada nossa cultura baseada na dominação do mais forte sobre o mais fraco. Por quê? Porque estabelece um embate entre o desejo dos adultos e o desejo das crianças. Por isso — insisto — deveríamos gerar novos pensamentos dentro da lógica de uma **civilização centrada na criança**.

Apesar de existirem campanhas governamentais a favor da amamentação, redes de apoio a mães que pretendem amamentar e médicos que indicam que a lactância é o melhor para as crianças, **a lactância não flui**. Durante as últimas gerações, estabelecer a prática da lactância tem requerido destreza. É comum ficarmos sabendo que muitíssimas mães "não têm leite" ou então que sofreram complicações que as obrigaram a desistir, coisa que é uma novidade na história da humanidade.

As indicações práticas para alcançar uma lactância feliz não dão resultados. Por quê? Porque não se trata de melhores posições para segurar o bebê nem de teorias sobre o que é mais conveniente. Se nós, mães, passamos por partos dolorosos — tenhamos consciência disso ou não —, a disponibilidade emocional que teremos para com nossos bebês será limitada. Além disso, é provável que nossa vida não tenha sido uma fartura de amor nem de abundância afetiva, portanto, sentindo-nos feridas e desoladas, só procuraremos recuperar um pouco de paz depois do nascimento da criança para nos ocuparmos do nosso próprio bem-estar. Não contamos com força física nem emocional para dar amor ao nosso bebê, ao ponto que gostaríamos de devolvê-lo. A cegonha passará recolhendo crianças para devolução? Haverá alguém que possa resolver esta confusão em que estamos metidas? O sofrimento, a solidão e as cobranças são assustadores. Nessas condições, o leite não flui.

Por outro lado, se os bebês não se encontram grudados ao nosso corpo, o leite não consegue brotar. É necessário que compreendamos que isso é o básico. Antes de verificar as complicações que podem surgir, é imprescindível observar se o bebê **permanece o tempo todo grudado ao nosso corpo** ou não. E se o fato de permanecerem colados nos angustia ou nos alivia. Esse é o único segredo para que a amamentação aconteça com naturalidade.

Ninguém se espanta ao ver nas ruas todos os bebês passeando em seus carrinhos a um metro de distância do corpo de suas mães? Pessoalmente, não consigo tolerar tanta violência manifestada. Aparentemente, não acontece nada de "ruim". No entanto, é evidente o prejuízo que irá repercutir durante várias gerações. É imprescindível observar que estamos submetendo nossos filhotes a experiências contrárias à natureza. Não é justo que fiquem tão distantes e sozinhos. É hostil, estão em perigo e sabem disso. Não estar grudados ao corpo materno de forma permanente é incompatível com o bem-estar dos bebês e atenta contra uma amamentação satisfatória.

Quando declaro com veemência que se as crianças não estiverem grudadas aos nossos corpos o leite não poderá fluir, aparecem todas as justificativas: que esse "ideal" não é possível nos dias de hoje, que a sociedade é machista ou que as licenças-maternidade remuneradas não são suficientes. Falso. Nós, mães, não carregamos nossos bebês corpo a corpo porque nos queimam as entranhas como consequência das infâncias horríveis pelas quais passamos. Portanto — reitero —, precisamos urgentemente averiguar o que foi que nos aconteceu de verdade quando éramos crianças, para colocar em contexto real as vivências que se atualizam neste momento.

Para que as mães possam amamentar com naturalidade, precisamos que nossos seios reajam aos estímulos amorosos e que o vínculo com nossas criaturas seja **exuberante e prazeroso**. Então o leite jorra naturalmente, desde que a excitação apaixonada por ter nosso bebê grudado — coração com coração batendo em uníssono — seja permanente. Se isso não acontece, não há conselhos que possam facilitar que o leite saia.

Uma lactância pobre, seja porque nós, mães, — submetidas a nossos próprios desamparos e cercadas de ignorância — desconhecemos quase tudo a respeito do âmbito amoroso e acreditamos que "não temos leite", ou seja porque estamos amamentando um pouco com o nosso leite e outro pouco com leite de fórmula (quer dizer, **leite de vaca**, isto é importantíssimo saber), favorece o desastre que irá se instalar. A partir deste momento — considerando a defasagem que nossa civilização adotou a respeito da alimentação apropriada conforme o desenho de nossa espécie —, sem o alimento certo para o bebê, ele ficará submetido a alimentos desnaturados e, portanto, **tóxicos**.

Na atualidade, circulam muitas informações a respeito de diversas dietas saudáveis. No entanto, precisamos perceber onde e quando perdemos o rumo, para depois compreender como é possível que estejamos tão distanciados de nosso próprio bem-estar físico. Por isso, é imprescindível reconhecer que na ausência de lactância e na introdução prematura de um dos alimentos mais tóxicos para o ser humano — o **leite de vaca** — reside o **ponto de partida** de uma alimentação **danosa** à nossa espécie.

O ALCANCE DO MERCADO INTERNACIONAL

Como chegamos — em poucas décadas — a consumir cotidianamente junk food? Por que destinamos o pior da oferta gastronômica àqueles que precisariam dos maiores cuidados? É provável que haja um grande número de fatores, mas os principais são o consumo em massa, a cobiça excessiva, a industrialização dos alimentos e o mercado agressivo. Justamente, o comércio internacional foi forçado pelo crescimento da indústria de laticínios que — uma vez que conseguiram suprimir a água do leite de vaca e produzir leite em pó — o transformaram em um produto armazenável. A partir desse momento (por volta da década de 1960 e nos anos posteriores), a campanha internacional foi muito agressiva, conquistando, em primeiro lugar, os pediatras — com presentes, congressos, viagens e outros benefícios — até convencer a população inteira — sobretudo no Ocidente — de que o leite de "fórmula" (nome fictício do **leite de vaca adaptado** ao consumo humano) era ideal para recém-nascidos e crianças de qualquer idade.

A introdução do leite de vaca como símbolo imaginário de saúde foi espetacular em todo o mundo, assim como catastrófica. Morreram milhões de crianças nascidas em famílias pobres de África, Ásia e América Latina, porque suas mães foram persuadidas de que o melhor alimento para seus filhos era o que vinha embalado. Muitas comunidades não dispunham de água potável para diluir a fórmula infantil, portanto foram milhões — sim, milhões — de crianças que faleceram por infecções decorrentes da ingestão de leite de vaca embalado. Duas gerações foram suficientes para que — em todo o mundo, tanto em comunidades ricas como pobres — todos acreditássemos que o leite de vaca é sinônimo de cálcio, ossos fortes, crescimento assegurado e prosperidade. **Nada mais distante da verdade.** O leite de vaca é perfeito para os bezerros, pois cada fêmea de mamífero produz um leite específico para os filhotes de sua própria espécie. **O leite de vaca é indigesto e tóxico para o ser humano,** especialmente para aqueles que são muito mais sensíveis e que reagem a tudo aquilo que lhes faz mal.

De fato, muitos adultos se preocupam porque suas crianças "não querem tomar leite", consultando médicos e psicólogos para que os ajudem a "resolver esse problema". É óbvio que as crianças — conectadas com sua própria natureza — rejeitam aquilo que não lhes pertence. Até que — fartas de ameaças — acabam se adaptando, aceitando aquilo que as prejudica, assim como tantas outras experiências ao longo de sua infância.

Reitero a importância de reconhecer que **o leite de vaca não é bom. É ruim. É muito ruim.** Não faz bem a nenhum ser humano e adoece as crianças — a quem deveríamos dar os melhores alimentos disponíveis. A realidade se impõe porque é óbvio que as crianças adoecem; no entanto, o equivocado discurso oficial é mais forte: todos continuamos acreditando cegamente que os erros são das crianças, que nascem com brônquios frágeis ou alérgicas ou intolerantes à lactose. Não. As crianças que não se adaptam à toxicidade do leite são mais saudáveis, por isso reagem espontaneamente; justamente quando estão alinhadas e em equilíbrio percebem os alimentos que as prejudicam.

Tudo isso é sabido, há inúmeros estudos em todo o mundo que confirmam que o aumento significativo de **câncer, diabetes e obesidade são consequência direta da ingestão de leite de vaca desde a**

infância. Com o acréscimo de outros alimentos — como as farinhas brancas, o açúcar branco e outros produtos industrializados — dos quais nos ocuparemos em breve.

A questão é que o leite de vaca é um dos alimentos mais tóxicos para o ser humano, com o agravante de que tem uma extraordinária aceitação pela população, como consequência do comércio, da espantosa publicidade e de um grande engodo. Observemos os canais de televisão infantis: quase toda a publicidade se divide entre ofertas de brinquedos e laticínios. De fato, muitos laticínios (em geral, iogurtes e sobremesas) são associados a personagens dos programas favoritos das crianças. No entanto, não há propaganda de frutas nem de verduras, porque não existe nenhuma indústria poderosa que precise impor esses produtos à população.

A engrenagem funciona perfeitamente: nós, adultos, acreditamos cegamente nos supostos benefícios do leite de vaca só porque a mensagem aparece na televisão; e as crianças pedem esse alimento porque está cheio de açúcar e é viciante. Quem são escravizados pela ignorância? Os adultos, claro. Distantes — desde suas próprias infâncias — do sentimento de empatia, da observação livre e do discernimento, ou seja, submetidos ao desejo do outro. Antes eram nossas mães. Hoje é um enorme "outro" difuso, mas que exerce enorme influência em nossas vidas sem que nos darmos conta e sem tomar medidas sobre o assunto.

LEITE DE VACA E DOENÇAS RESPIRATÓRIAS

Segundo o parco conhecimento que temos da história da humanidade, a ingestão de leite de outro mamífero foi uma eventualidade, ocorrida em momentos de fome generalizada. O problema atual é que, com a pasteurização e a industrialização do leite de vaca, somado ao incrível poder da publicidade e do mercado, a inclusão do leite nos lares, sob a crença de que é o alimento mais importante na dieta de crianças e adultos, tem causado estragos. A maioria das mães e dos pais se estressam quando seus filhos se recusam a tomar leite, tentando fazer com que o ingiram sob outras formas açucaradas, tal como iogurtes, sobremesas, cremes, pudins, manteigas e sorvetes. As primeiras consequências visíveis serão as doenças respiratórias.

Qual é a relação entre a ingestão de leite de vaca e resfriados, anginas, bronquites, sinusites, broncoespasmos ou pneumonias? Acontece que o leite de vaca é tão corrosivo para nosso organismo que, para proteger nossa saúde, geramos espontaneamente **muco**, recobrindo e protegendo as vias respiratórias e digestivas. O muco é uma resposta positiva e saudável à erosão que produz esse alimento não adequado para seres humanos. Então chamamos de "doença" essa secreção em forma de **muco protetor**. Supondo que estamos doentes, buscamos diminuir os sintomas. Como? Tomando antibióticos de "largo espectro". Esses antibióticos, que supostamente vão agir contra as infecções, nunca conseguirão suprimir a produção de muco, porque continuaremos gerando à medida que seguirmos introduzindo em nossos corpos leite de vaca, laticínios, farinhas brancas e açúcar branco. É paradoxal, mas o muco protege a saúde do nosso organismo. Quando geramos muco, nossas vias respiratórias ficam obstruídas e isso nos causa um verdadeiro mal-estar: sofremos com gripes, anginas, otites, bronquiolites ou quadros mais graves, como pneumonias. Às vezes, nosso organismo, para tentar voltar ao equilíbrio original, aquece o corpo. Temos febre.

Aqui surge outro equívoco habitual: achamos que a febre é uma doença a ser combatida e — no caso das crianças — quando se manifesta, ficamos com medo, supondo que é perigosa, pois "pode chegar a convulsionar". No entanto, a febre é maravilhosa, é o fator de equilíbrio mais importante e eficaz com que contamos. O calor mata vírus e bactérias. A princípio, nossos organismos não precisam elevar tanto a temperatura, porque aumentar alguns graus é suficiente para cumprir a função de reestabelecer a saúde. Mas, espantosamente, mal surgem alguns graus de febre e damos às crianças "antitérmicos" — remédios que fazem a temperatura baixar artificialmente. Com isso, o organismo entende que as próprias forças defensivas foram atacadas pelas costas. É como uma traição aos nossos agentes defensivos. Então, o corpo vai acumulando experiência e, assim que precisar combater os germes com a febre, usará mecanismos para aumentar a temperatura em maior escala e o mais rápido possível para poder realizar sua missão.

De fato, o uso de antitérmicos é tão banal e indiscriminado que logo as crianças "têm febres altas ou repentinas". Então, achamos que "temos que estar em alerta" e "baixar rapidamente a febre com antitérmicos" porque podem convulsionar. É verdade que há casos em que altas temperaturas podem provocar convulsões, mas são excepcionais. Reconheçamos que, com frequência (como consequência do consumo excessivo de antitérmicos), nós mesmos obrigamos nosso corpo a produzir temperaturas muito elevadas. Se deixássemos o corpo em paz — desde quando as crianças são pequenas —, para que cada organismo se reencontre com seu próprio equilíbrio usando alguns graus de febre — sempre suficientes —, não temeríamos o surgimento de altas temperaturas, mas, ao contrário, festejaríamos a capacidade de cada corpo de se curar sozinho.

As evidências são conclusivas. Quando temos febre, não temos fome. Ou seja, sentimos espontaneamente que nosso corpo — para se curar — precisa parar de receber alimentos tóxicos. As crianças se negam sistematicamente a comer enquanto — infelizmente — os adultos as obrigam a se alimentar. Se tivéssemos a capacidade de nos entregar à sabedoria de nossa natureza e confiássemos nos mecanismos inatos para voltar sempre a nosso estado de perfeição, a vida seria muito mais simples e afável.

O que podemos fazer? **Suprimir com urgência qualquer ingestão de leite e laticínios!** Parece impossível? Interessante... Porque não achamos impossível que nossos filhos adoeçam com frequência, nem achamos absurdo esperar horas nos consultórios médicos, nem achamos insuportável que os sintomas das crianças se agravem enquanto vamos trocando de antibióticos, embora seja evidente e palpável que as crianças não melhoram. É estranho como avaliamos o que é fácil ou difícil para nós.

As doenças respiratórias estão inteiramente associadas à ingestão de leite ou laticínios. Queijo é leite? Sim. Manteiga é leite? Sim. Os biscoitos são fabricados com leite? Sim. Quase todos os produtos das padarias são feitos com leite, além de farinha branca e açúcar branco? Sim. É possível que quase todos os alimentos que oferecemos às crianças sejam tóxicos? Sim. Trata-se de uma verdadeira calamidade. Queremos modificar nossos costumes em prol da saúde atual e futura de nossos filhos? Eis aqui um convite para refletir.

INGESTÃO PRECOCE DE LEITE DE VACA

Uma das consequências devastadoras do nascimento das criaturas em hospitais ou clínicas é que receberão mamadeiras com fórmula infantil de leite de vaca. Insisto especialmente em citar estas três palavras: "**leite de vaca**". É que os adultos supomos que não é assim, que lhes deram "leite de fórmula" ou "leite adequado para bebês". Pois bem, esse é o recurso favorito do mercado: procurar e encontrar as palavras perfeitas para enganar.

Por sua vez, os bebês que nascem em casa raramente receberão algum alimento além do leite materno. Observemos que cada decisão tem consequências sobre as seguintes. De fato, quase tudo o que acontece em uma instituição médica opera em detrimento do recém-nascido.

Depois do nascimento propriamente dito, perpetuamos um costume peculiar durante os primeiros anos de vida de nossos filhos. Refiro-me às visitas frequentes ao pediatra para supostos controles médicos, que não apenas são supervalorizadas, mas que as mães — temerosas, infantilizadas e arrastando histórias de vida de maus-tratos, distância afetiva e perdidas de seu ser essencial, ou seja, sem registro de sua intuição — obedecem sem nenhuma avaliação pessoal.

No seio das consultas pediátricas, se impõe um acúmulo de preconceitos e ignorâncias que não correspondem ao conhecimento e sim às arbitrariedades ditadas por cada indivíduo com diploma de médico, segundo sua própria biografia humana. Somos mães infantilizadas e desorientadas, em conflito com os sinais de nossa própria intuição, que procuramos orientações no suposto saber médico. Então, alguém que nunca estudou na universidade uma matéria chamada "criança", nem "lactância", nem "vínculos afetivos", nem "desenho do ser humano", nem "nutrição saudável", nem "capacidades maternais", nem "espiritualidade" nos dá indicações genéricas sobre o modo correto de amar nossos bebês. Nesse exato momento, validamos nossa subserviência ao patriarcado.

A introdução precoce de mamadeiras com fórmula de leite de vaca costuma ser uma indicação direta, nefasta e irresponsável dos pediatras. Para piorar, as mães submissas os ouvem. A responsabilidade é compartilhada. É tão catastrófico? Sim. Porque uma criança que ingere leite de vaca não adequado para consumo humano tendo um aparelho digestivo ainda muito frágil gerará, obrigatoriamente, excesso de muco nas vias respiratórias. Basta olhar ao nosso redor e constatar os resfriados comuns sofridos pelos bebês e as complicações de broncoespasmos que consideramos banais. O pior é que os pediatras prescrevem suas recomendações para que os bebês não enfrentem a intempérie por causa do frio (inclusive em climas temperados), acusando a primavera, algum vírus, alguma festa familiar ou as epidemias que de uma maneira difusa e não comprovável complicariam a nossa vida cotidiana.

No entanto, não aparece nenhuma indicação para **suprimir de maneira total e absoluta a ingestão de mamadeiras com leite de vaca.** Se fizéssemos um teste em uma única semana, o provaríamos. Não é tão complexo.

Até mesmo quando a amamentação já ocorre com naturalidade e fluidez, os pediatras recomendam adicionar um complemento de leite de vaca a partir do sexto mês de vida. Não consigo entender qual é a lógica. Jamais o leite de vaca poderia competir com o leite humano em qualidade nutricional. Portanto, por que haveríamos de começar a substituí-lo?

Mais tarde, o hábito de oferecer às crianças leite de vaca e laticínios já estará tão incorporado à cultura do suposto alimento nutritivo que será muito difícil abandonar essas crenças arraigadas. Insisto que, à medida que conservemos nossas cegueiras, ou seja, que tomemos decisões sem a mediação da introspecção, da intuição ou da percepção pessoal, estaremos à mercê de qualquer ideia transmitida com veemência. E quando essas ideias são transmitidas pela televisão ou pelas redes sociais, as transformamos em sagradas. Não somos tão diferentes dos rebanhos de ovelhas, guiados a um destino incerto.

A INCORPORAÇÃO DE ALIMENTOS SÓLIDOS TÓXICOS

Junto com a introdução do leite de vaca na dieta dos bebês, acrescentamos alimentos sólidos, antes mesmo que eles os peçam. Como podemos perceber o que a criança precisa? É simples. Estando

atentos à criança, em vez de responder a indicações genéricas dos pediatras. Quanto o mundo mudaria se os adultos decidissem amadurecer, confiando na natureza de cada criança!

Os bebês que têm acesso irrestrito ao peito raramente se interessam por alimentos sólidos antes de saber engatinhar. Há exceções, obviamente. Em contrapartida, os bebês submetidos passivamente às mamadeiras aceitam que introduzamos qualquer coisa em suas bocas. Sem exageros, aí está o berço da opressão e depois da resignação e da mansidão dos povos.

Por sua vez, os bebês que se vinculam às mães através da amamentação prazerosa mantêm um vínculo dinâmico em que ambos manifestam desejo, apetite e paixão, enredando-se em uma dança intangível, mas poderosa. Então, será árduo submeter essas crianças aos nossos desejos, incluindo aos alimentos que não lhes agradem ou que não achem benéficos. Aí está o berço da livre expressão.

Quero dizer que a introdução do alimento sólido — seja nutritivo ou tóxico — tem uma categórica relação com a experiência prévia. Por quê? Porque uma criança ativa, cheia de vitalidade e estimulada vai aceitar o alimento que a nutre e vai se negar espontaneamente a ingerir um alimento danoso. Por sua vez, a criança passiva — que no início rejeitou o leite de vaca, mas lhe foi imposto até ser obrigada a desistir — está entregue e rendida. Não tem mais força vital para rejeitar aquilo que a prejudica.

Bem, há diversas teorias contraditórias sobre o que seria um bom alimento. Há culturas, tendências e estudos diversos que não nos dão referências confiáveis. A princípio, todos concordamos que as frutas, as verduras, os legumes e os grãos — que são produtos da natureza — são saudáveis. Por outro lado, a excessiva industrialização dos alimentos os desvirtua. Temos, então, a primeira aproximação entre natural e antinatural.

POR QUE PREFERIMOS ALIMENTOS DE PÉSSIMA QUALIDADE?

Por várias razões. Em primeiro lugar, porque consumimos grandes quantidades de farinhas refinadas e de açúcar refinado, até ficarmos **viciados** nessas substâncias. Depois, quase todos os pães e doces — que as crianças consomem em excesso — são à base de leite de vaca, farinha refinada e açúcar refinado. Uma **bomba de toxinas**.
Estes alimentos industrializados têm algumas vantagens. 1: são relativamente baratos. 2: não é preciso cozinhá-los. 3: as crianças comem com autonomia. 4: não é necessário que os adultos fiquem com as crianças para incentivá-las a comer.
Durante os primeiros 7 anos de vida — se foram amamentadas —, as crianças aceitarão um enorme leque de alimentos, na medida em que possam pegá-los com as próprias mãos. Então quero dizer que a papinha de cenoura é o alimento mais "anticriança" que conheço, porque as crianças não conseguem pegar os talheres e dependem de que um adulto introduza uma colher em sua boca. No entanto, comer é explorar, experimentar, brincar. Uma cenoura inteira, que podemos segurar com as mãos, levar à boca, saborear, cortar com as gengivas ou com os dentes, mastigar e engolir, representa uma descoberta extraordinária que nos levará a querer logo provar vários sabores e texturas, embriagados entre o espanto e o fascínio por todas as possibilidades que nos são oferecidas, uma vez que tenhamos conseguido permanecer sentados por nossa própria conta. De fato, é comum que as crianças pequenas adorem comer alcachofra, aspargo, brócolis, beterraba, abacate e todo tipo de vegetais e frutas, tanto crus como cozidos.
Este enorme interesse pelos alimentos costuma se restringir entre os sete e os quatorze anos. Não sei por que, é apenas uma observação. No entanto, se durante a primeira infância as crianças

tiveram acesso aos alimentos em sua forma natural — tal como se apresentam na natureza, sem modificação nem industrialização — depois, a partir dos 14 ou 15 anos, voltarão a refinar seus paladares, tentadas a provar todo tipo de alimentos, inclusive exóticos ou pouco comuns nas regiões onde vivem.

No entanto, se durante a primeira infância as crianças não tiveram acesso a vegetais, legumes, frutas, grãos nem cereais integrais, e, pelo contrário, foram intoxicadas com leite de vaca, açúcar e farinhas brancas... o veneno desses alimentos desnaturados terá anestesiado o aparelho digestivo. Então sentirão a necessidade de consumir gorduras animais, mais leite, mais açúcar e mais farinhas. Insisto que estes alimentos viciam. São **drogas**. Quanto maior o consumo, maior a necessidade de continuar consumindo. E depois, quanto mais adoecerem, mais fracas estarão física e espiritualmente para tomar decisões autônomas.

Os alimentos de péssima qualidade abundam nos supermercados, que é onde normalmente compramos a comida que consumimos em casa. Infelizmente, na atualidade, nem sequer as frutas nem os vegetais que encontramos nas gôndolas são confiáveis, devido ao excesso de produtos químicos, inseticidas, colorantes e conservantes com os quais chegam ao mercado. Mas sem querer alarmar ninguém, pelo menos avaliemos a quantidade de leite de vaca, laticínios, açúcar branco e farinhas refinadas que consumimos, em geral escondidos em produtos de uso habitual, como refrigerantes, enlatados, pães, biscoitos, salsichas, hambúrgueres industrializados, bebidas e doces. Só reduzindo drasticamente o consumo de todo esse lixo tóxico estaremos sendo um pouco mais gentis com nossa saúde e com a de nossos filhos.

Mas além da saúde, há outras consequências nefastas causadas pelo consumo excessivo de leite de vaca, açúcar e farinhas: o **torpor do cérebro**. Sim, estes alimentos tóxicos nos deixam mansos. Atordoados. Adormecidos. Portanto, **subjugados**.

Tive a experiência pessoal de observar meu público — durante minhas conferências — cochilando depois de um lanche cheio de farinha e açúcar. E outra experiência com o mesmo púbico depois de ter ingerido frutas. O nível de lucidez mental e de participação ativa passou a ser incrivelmente alto. Não é exagero dizer que os sistemas políticos de dominação precisam de populações de indivíduos idiotizados. Todos estamos de acordo que a televisão embrutece, mas acontece que a junk food também. Queremos perpetuar a submissão mental e a letargia emocional de nossos filhos?

NUTRIÇÃO MATERIAL E EMOCIONAL

No mundo, há comida de sobra. No entanto, ainda existem vastas regiões do planeta nas quais a fome é parte da realidade cotidiana. Admitamos que o ato de nutrir está inteiramente ligado ao vínculo amoroso e espontâneo entre uma mãe e uma criança, desde que as mães vivam alinhadas ao desenho da espécie humana e também ao entorno que as cerca.

A natureza provê alimentos em grandes quantidades; acontece que recolheremos seus frutos se estivermos em sintonia com sua infinita generosidade e à medida que nos sentirmos nutridos pelo âmbito emocional materno. Ambos os territórios, tanto a terra, a água e o ar, como a substância materna, convivem e coincidem em ser provedores de conforto e sustento.

Afirmo que, se as mães liberam seu instinto materno nutrindo amorosamente seus filhos, sempre saberão como lhes proporcionar alimentos saudáveis, naturais e convenientes. Mas se estiverem distantes de sua própria natureza feminina — raivosas e violentas, culpando quem quer que seja por seu mal-estar — não distinguirão o alimento saudável do tóxico. Elas mesmas estarão doentes e sem lucidez suficiente nem intuição para proteger seus filhotes de tudo aquilo que possa prejudicá-los. Oferecer alimentos desnaturados é tão hostil para as criaturas quanto receber maus-tratos, insultos ou castigos. As crianças simplesmente nunca deveriam admitir essas ofensas.

Reconheçamos que o problema da nutrição é tão importante quanto as guerras ou a contaminação do planeta. De fato, há regiões nas quais ainda sobrevivem milhões de indivíduos com fome e outras regiões nas quais há milhões de indivíduos sofrendo em decorrência de obesidade e diabetes. São as duas faces da mesma moeda. Uma e outra estão afastadas da natureza e de sua infinita bondade.

Definitivamente, se nos interessa construir juntos um mundo mais amável e solidário, teremos que ser respeitosos com a natureza e também com nossa própria condição humana. Observemos que estamos em contato com os alimentos todos os dias, inclusive várias vezes por dia. A comida é matéria que ingressa diretamente no interior de nossos corpos. Pode nos oferecer energia vital tanto quanto o ar que respiramos ou o carinho que recebemos; embora também possa nos prejudicar tanto quanto o ar contaminado ou o desprezo percebido.

O amor e o bom alimento são a mesma coisa: o primeiro é substância vibratória e o segundo é substância física. Por isso, estar atentos para fazer o bem e para amar nosso próximo é tão transcendental como consumir alimentos vivos e nutritivos.

QUAIS DIETAS ESCOLHER?

Embora pessoalmente me incline pelas dietas vegetarianas, veganas e crudívoras, me parece que não há nada melhor do que estar em sintonia consigo mesmo para ir percebendo com que tipo de alimentos nos sentimos bem. Não é a mesma coisa ser criança ou adulto, não é a mesma coisa ser mulher ou homem, não é a mesma coisa viver em um clima quente ou em um frio. E mesmo assim os indivíduos são diferentes, têm construções físicas diferentes, fazem atividades diversas e têm personalidades diferentes.

Em linhas gerais, está evidente que os alimentos — na medida em que sejam frescos e não tenham sido modificados por ação da indústria — seriam adequados para o consumo humano.

Em relação à carne, há movimentos opostos. Eu creio que as carnes de distintos animais são e foram alimentos disponíveis durante **épocas de fome generalizada.** Mas se tivermos acesso à comida vegetal, nosso aparelho digestivo agradecerá, porque está mais bem preparado para a ingestão de grãos, ervas, raízes, vegetais e frutas, todos crus. De fato, nosso aparelho digestivo se parece muito com o de nossos parentes macacos, e, no entanto, é muito diferente dos de outros mamíferos carnívoros. De qualquer forma, há discursos a favor da carne de outros animais selvagens — produto da caça —, mas quase todos os posicionamentos sérios sobre nutrição mostram a adulteração e a toxicidade presentes na indústria pecuária moderna.

Sem entrar em detalhes, proponho ao leitor uma investigação pessoal, livre, responsável e comprometida. Constatando a ignorância geral e a pouca reflexão que existe sobre a questão da alimentação, penso que devemos — no mínimo — tomar partidos sobre o assunto. Investigar, experimentar, ler, comparar, ouvir com atenção as pessoas que adotam dietas não convencionais e, sobretudo, ficar atentos quando nossos filhos pequenos adoecem. Devemos pelo menos prestar atenção nos alimentos que eles ingeriram antes de adoecer. Observemos o grau de toxinas que seus corpos já armazenam. Contemplemos como drenam as impurezas. Analisemos o que acontece quando jejuamos. Cheiremos o perfume dos alimentos. Descansemos. Meditemos. Inclusive tentemos cultivar uma pequena horta na varanda de nossa casa, se vivemos em uma grande cidade. E vejamos o que acontece conosco.

AS FALSAS CRENÇAS A RESPEITO DO QUE AS CRIANÇAS GOSTAM

Quando desejamos modificar levemente a qualidade dos alimentos que temos em casa, costumamos arrumar desculpas, como as crianças "não gostam" de verduras. Falso. As crianças estão intoxicadas com o excesso de açúcar, farinhas brancas, leite e laticínios, portanto seus corpos pedem mais substâncias viciantes. Isto funciona como qualquer outro produto. O cigarro, por exemplo. Poderíamos afirmar que algumas pessoas "gostam" de fumar. No entanto, não é bem uma verdade. A realidade é que não conseguem parar de fumar, porque o corpo exige que fumem. Os alimentos viciantes funcionam da mesma maneira.

Por outro lado, seria absurdo esperar que as crianças comam alimentos saudáveis enquanto os adultos se empanturram de álcool e farinhas. Nós, os adultos, compramos e organizamos a despensa e preparamos as comidas. Portanto, o início da mudança ocorre quando fazemos as compras. O ideal seria não frequentar os supermercados e, sim, comprar nas feiras onde abundam frutas, verduras e legumes. Essa primeira mudança facilitará as posteriores.

As crianças pequenas gostam de tudo que possam comer com autonomia. Isso significa que devemos permitir deixar que eles comam com as mãos enquanto ainda não são hábeis com os talheres e também deixar a comida **disponível** para que possam ingeri-la **apenas quando tiverem fome**. Aí está o segredo para que as crianças ingressem no prazer e no desfrute do paladar. Parece uma trivialidade, mas é muito importante que um pedaço de peixe ou uma torta de espinafre esteja à altura das crianças no local onde brincam. Em algum momento, ao longo do dia, as crianças irão comê-los. No entanto, se desejamos que terminem um prato inteiro no horário em que toda a família almoça ou janta, raramente a criança conseguirá atender aos requisitos externos.

OS HORÁRIOS DAS REFEIÇÕES

Este é um tema trivial e, no entanto, traz complicações para a vida familiar cotidiana. As crianças regulam a fome de uma maneira mais natural que os adultos. A maioria de nós come mais, muito mais do que precisa. As crianças não: **comem de acordo com a fome que têm.**

É simples reconhecer isso nas crianças que frequentam a escola: ao acordar, têm fome e costumam comer o que lhes oferecemos no café da manhã, geralmente laticínios e farinhas. Depois almoçam na escola; não sabemos como nem quanto ingerem. Quando chegam em casa por volta das quatro ou cinco da tarde, costumam estar famintas e lamentavelmente, como é a hora do lanche, só nos ocorre lhes oferecer **laticínios e farinhas.** Quando chega a hora do jantar, já estão sem fome. Se elevássemos o pensamento e fossemos capazes de fazer pequenas mudanças na estrutura cotidiana, veríamos que seria muito simples, por exemplo, oferecer às crianças um alimento de melhor qualidade justo quando têm fome. O que aconteceria lhes oferecêssemos verduras cruas, bolos de cereais integrais ou pedaços de frango às cinco da tarde, quando chegassem em casa? Comeriam felizes e contentes. Tudo o que precisam é ingerir uma vez por dia alimentos nutritivos e de boa qualidade. É simples.

Com frequência sustentamos a **ideia** da família-toda-sentada-à--mesa, que não condiz com a realidade das crianças. No entanto, raramente o jantar familiar é uma ocasião para o encontro; normalmente, é um momento de estresse. Tudo isso se simplificaria se nos dessem a liberdade de **oferecer comida às crianças** quando manifestassem estar com fome. Elas comeriam e ninguém teria nenhuma preocupação a mais.

Quando aprenderão a se comportar à mesa? Não precisarão aprendê-lo: já o sabem, porque seus pais foram amáveis com elas, respeitando seus momentos de fome e de saciedade e levando em consideração seus ritmos. Quando **regularizarão** os horários das refeições? Não sabemos. Todos nós, adultos, não temos fome no mesmo instante, embora sejamos capazes de nos adaptar. As crianças — quando crescerem — também se acomodarão.

ABUNDÂNCIA DE ALIMENTOS DE MÁ QUALIDADE

Todos sabemos que os países centrais ditam os modos de vida gerais, e isso inclui os modelos de alimentação. Há dois grandes eixos a levar em conta: por um lado, o uso indiscriminado de fertilizantes e agrotóxicos, a modificação genética, o controle de pragas, os hormônios, os antibióticos, a industrialização, o armazenamento, a conservação, a refrigeração, o transporte, a exportação e importação e o comércio em geral dos alimentos geraram menos fome no mundo graças à capacidade de elaborar e conservar uma maior quantidade de produtos; e, por outro lado, **reduziram a qualidade** dos alimentos, perdendo — em grande escala — os nutrientes naturais, seja no caso de cereais, vegetais e frutas ou de produtos de origem animal. **Ganhamos em quantidade e redução de custos, mas perdemos em qualidade.**

Por outro lado, estamos adotando padrões de alimentação norte-americanos, não porque nos Estados Unidos a comida seja rica ou saudável, mas porque é concebida para ser consumida depressa, sem saborear, sem se relacionar com ninguém e sem se sentar à mesa. Este modelo se encaixa maravilhosamente bem para os adultos que não têm tempo — ou seja, quase todos — e especialmente para aqueles que não têm tempo para esperar até que uma criança resolva comer. Fast-food ou comida **lixo** (que é como dizer que ela é **descartável**, que não serve) é, paradoxalmente, a comida que encontramos mais a mão para oferecer às crianças. Há duas vantagens: **é comprada** rapidamente e as crianças a comem sem necessidade de estar acompanhadas. Lamentavelmente, ao constatar que as crianças a comem até quando não ficamos com elas, os adultos logo **interpretam** que elas gostam dessa comida. Mas é um equívoco. Não é verdade que gostam, mas é verdade, sim, que ficam viciadas por causa de dois fatores: em primeiro lugar, esses alimentos contêm níveis de açúcar e cafeína (no caso dos refrigerantes que indefectivelmente acompanham essas opções no cardápio) que depois fazem o corpo reclamar; e, em segundo lugar, acostumam-se a **comer sozinhas**, portanto supomos que o desejo das crianças é comer **essa** comida. E o que significa **essa** comida **nesse** contexto: solidão e pressa.

Além disso, a comida pré-fabricada e elaborada industrialmente é a que permite ser preparada em poucos minutos em casa. E segue o mesmo raciocínio: para aqueles que não têm tempo, ela costuma ser a solução. Em casa também acostumamos as crianças a ingerir alimentos de baixa qualidade, ricos em açúcares, gorduras saturadas e farinhas brancas. São os comestíveis que normalmente estão disponíveis para as crianças e, por isso, logo supomos que não gostam de comer outra coisa. Insisto: a comida de baixa qualidade é aquela que ingerem **quando estão sozinhos**, porque costuma ser fácil de comer com as mãos, ou seja, com total autonomia, independentemente da idade.

A questão é que em qualquer supermercado a oferta de alimentos de baixa qualidade é alta; além do mais são comestíveis mais baratos do que outros produtos. Procurar alimentos naturais com menos conservantes e menos modificação industrial requer ocupar-se do assunto com consciência e, sobretudo, destinar maior dedicação ao preparo. E ainda por cima, teremos que permanecer com as crianças para conseguir que comam, porque, em princípio, não contêm substâncias viciantes nem são exageradamente doces ou salgados. É óbvio que os alimentos manufaturados **ganham** e com vantagem.

O hábito de beber refrigerantes cotidianamente mereceria uma reflexão à parte. O grande problema é que habituamos as crianças ao consumo desmedido e rotineiro destas bebidas que, objetivamente, não são nada saborosas. No entanto, ali estão, supostamente para aplacar a sede, mas comprovando que qualquer refrigerante doce incita a beber cada vez mais. A quantidade de veneno que as crianças bebem todos os dias é insólita. Às vezes, inclusive, oferecemos mamadeiras com refrigerantes aos bebês. Qual é o sentido disso? Por que damos isso a elas? Peço desculpas pela dureza, mas depois de tomar refrigerantes... as crianças ficam derrotadas. Não lhes resta vitalidade para nos pedir nada. Tanto depois de ingerir comida de má qualidade como depois de tomar refrigerantes, a criança se sente mal. Sua barriga dói, tem excesso de muco, cáries, problemas digestivos, diarreias, constipações crônicas, sonolência, cansaço, relutância, irritação, mau humor, falta de vitalidade ou agressividade desmedida. Dificilmente relacionamos estes sintomas com a comida impossível de digerir. Portanto, depreciaremos as crianças que se comportam mal e as jogaremos no vazio emocional de onde terão que se reerguer por conta própria.

Quase todo o alimento que lhes oferecemos é tão carente de nutrientes e tão contrário ao bem-estar que deixa **as crianças fora de combate** e desse modo temos desculpas para nos afastar delas. Porque se comportam mal. Porque não obedecem. Porque respondem com maus modos. Porque não têm razão.

Não importa a classe socioeconômica à qual pertencemos, hoje a comida de péssima qualidade é mais uma questão de cultura do que de dinheiro. Decidir comprar, preparar e servir alimentos frescos não é obrigatoriamente mais caro, mas são necessárias mais **disponibilidade** de tempo e mais observação das necessidades sutis das crianças pequenas. Não precisamos ser ótimas cozinheiras, nem sequer temos que gostar de cozinhar. Mas não parar para pensar sobre a qualidade do que todos os dias, e várias vezes por dia, nossos filhos introduzem em seus corpos é análogo ao pouco tempo que dispomos para eles em geral.

Neste sentido, considerar os cuidados maternos como análogos a todo dado nutritivo nos leva outra vez a rever **nossas capacidades nutritivas através da comida concreta**. Não importa o quanto afirmemos através do discurso do próprio **eu iludido** como somos mães maravilhosas. Se sempre oferecemos lixo enlatado às crianças... há algo de errado.

O CARDÁPIO NAS FESTAS DE ANIVERSÁRIO

As festas de aniversário das crianças tal como culturalmente se festejam hoje são um indicador confiável do lugar que outorgamos à comida de plástico. Quase todas as crianças que frequentam escolas vão em média a um aniversário por semana. Ir a uma festa de aniversário é uma atividade vista como a oportunidade de se saturar com o **pior da oferta gastronômica**. Isso não depende da condição financeira dos pais, mas de nossos costumes. De fato, é frequente que nas festas haja um local reservado com comida de altíssima qualidade e **gourmet** para os adultos e que na mesa destinada às crianças haja apenas tira-gostos exageradamente salgados, doces, chicletes, cereais multicoloridos repletos de açúcar e os infalíveis refrigerantes. As crianças se empanturram destes produtos industrializados, arrematam depois com o bolo de aniversário e no final levam de presente saquinhos carregados de docinhos, caso tenham comido poucos durante a festa.

As crianças terminam essas festas intoxicadas, muitas ficam doentes enquanto supostamente estaríamos festejando o aniversário do homenageado.

Nós, pais, relacionamos as festas de aniversário com **batatas fritas, docinhos e salgadinhos**, com cachorros-quentes e refrigerantes e com barulho ensurdecedor e excitação como se isso fosse sinônimo de alegria. Depois supomos que as crianças querem *isso*. Mais uma vez estamos diante de um equívoco.

Se pudéssemos nos deter por uns instantes e fôssemos realmente honestos, se encontrássemos uma maneira pessoal de fazer as coisas sem nos preocupar com o que os outros pensam, talvez soubéssemos que nós, pais, não gostamos **dessas** festas; nos atordoam, nos esgotam, nos lançam em um vazio existencial, nos afastam de nossos filhos. Se pudéssemos colocar as mãos no coração, fechar os olhos e contar aos nossos filhos como gostaríamos de comemorar seus aniversários, certamente as crianças ficariam maravilhadas. Porque, até esse momento, a única coisa que conhecem como festas são vivências de barulho, solidão e gritos. Não precisamos ser muito criativos. Só parar por alguns instantes e fechar os olhos será suficiente.

SOBREPESO INFANTIL

Quanto ao sobrepeso infantil, o que preocupa mais é o futuro. Não porque no dia de amanhã não possamos seguir uma dieta restritiva e perder o excesso de quilos. Isso sempre é possível. O maior obstáculo é a organização vincular aprendida.

Se fomos crianças famintas de amor e nos viramos sozinhos, tratando nosso abandono com comida, depois funcionaremos assim, no automático. As crianças gordas depois viram jovens ou adultos com sobrepeso, em guerra permanente com elas mesmas. No entanto, há uma contradição inevitável: se a comida as salvou durante a infância, se lhes ofereceu proteção e resguardo, por que agora teriam que lutar contra essa mesma comida que substituiu os cuidados maternos? Por que submetê-las a dietas de abstinência extremas?

Além de todos os métodos de emagrecimento com os quais convivemos, devemos observar que o problema não está na comida. Insisto que o alimento ingerido em quantidades exorbitantes é **consequência direta da falta de amor materno** e que cada realidade individual se multiplica até formar uma massa crítica coletiva. De fato, estamos constituindo uma sociedade de gordos. Isso é mais evidente nos Estados Unidos, mas nas demais regiões do planeta cada nova geração é um pouco mais gorda do que a anterior. Estamos caminhando para **a engorda da humanidade**. Portanto nos compete rever que outros elementos colaboram para a engorda coletiva, além do excesso de comida disponível e da industrialização global dos alimentos.

Os mais vulneráveis para a engorda são as crianças, porque **dependem** dos **cuidados maternos**. Se obtiverem cuidados e carinho suficientes, não **serão obrigadas a compensar**. No entanto, a diferença entre os dias de hoje e as gerações passadas é que **há muita comida disponível** para ser consumida, inclusive sem ser cozida. Ou seja, uma criança sozinha pode acessá-la e satisfazer assim uma necessidade deslocada. Hoje em dia há comida pronta para o consumo ao alcance de uma criança que viva em qualquer centro urbano, portanto será o elemento prioritário para a compensação amorosa.

Inclusive diante da televisão e dos dispositivos eletrônicos, a comida de pior qualidade estará presente. Destaquemos que não vale a pena declarar guerra à junk food, à televisão e à tecnologia, já que o sedentarismo e a ingestão exagerada ganham terreno quando estamos **sozinhos**. Se estivéssemos acompanhados, estaríamos em movimento. As crianças estão presas dentro de suas casas e a comida de má qualidade está ali, disponível, pronta para preencher um vazio.

AS DIETAS RESTRITIVAS

Todos os médicos e nutricionistas que trabalham com crianças pequenas — e com adultos — com sobrepeso sabem que as dietas restritivas são um fracasso. É verdade que muitos adultos se alimentam mal, portanto não oferecem a seus filhos nada substancialmente diferente, mas também há lares nos quais os adultos não têm sobrepeso e se alimentam relativamente bem. Nesses casos deveríamos rever a solidão da criança e **a falta de presença materna**.

As dietas restritivas fracassam. Porque a criança não apenas **não tem mãe, mas agora também não tem comida**. É um despropósito. E também um esforço que pode ser sustentado por muito pouco tempo porque não há emoções nem palavras, não há compensação afetiva nem compreensão do desamparo invisível, mas verdadeiro. Com os adultos acontece a mesma coisa: as dietas restritivas podem se sustentar se estão passando por um momento especialmente bom, se estão apaixonados, se vão se casar, se têm um projeto pessoal que os entusiasma ou se sentem poderosos por um motivo qualquer. Caso contrário, a restrição dura no máximo uma semana. Quem é viciado em comida sabe que não comer ou comer menos é sempre um grande esforço e é imprescindível se nutrir em alguma outra instância para tolerar ficar sem **comida**. As crianças que são — por sua condição de crianças — **emocionalmente dependentes** dos adultos não podem obter com seus próprios recursos essas compensações. As dietas fracassam com as crianças em parte porque não há adultos preparando e oferecendo a comida adequada e em parte porque nenhuma pessoa mais velha está disposta a oferecer uma presença autêntica nem uma disponibilidade afetiva incondicional.

Há crianças que conseguirão perder peso por conta própria durante a adolescência, justamente porque a partir de certa idade podem **ficar independentes** emocionalmente dos mais velhos, procurando amparo nos colegas. Formam **grupos**, dormem juntas nas casas umas das outras, passam longas horas com os amigos, sempre fazem atividades grupais ou dão início à vida sexual. Nessas circunstâncias podem chegar a obter mais ferramentas afetivas e assim a comida poderá passar a um segundo plano.

A ALIMENTAÇÃO NA ESCOLA

A comida que as crianças comem em muitas escolas — tanto públicas como privadas — tende cada vez mais a ser fast-food, baseada em farinhas brancas, leite e açúcar. Com a desculpa de que as crianças não comem verduras — coisas que às vezes é verdade, mas não é assim em todos os casos, nem com todas as verduras, nem com todas as frutas —, os adultos vão perdendo o interesse de atribuir à comida que as crianças comem na escola um valor superlativo.

Claro que existem planos nutricionais governamentais, elaborados por profissionais reconhecidos. Mas, no dia a dia, aqueles que compram, armazenam, cozinham e servem comida vão sendo sugados por uma lógica geral, na qual as farinhas vão ocupando o lugar preponderante: as crianças comem sem incomodar.

O problema de almoçar na escola implica outro problema: não há repouso nem intimidade. Geralmente o alvoroço é esgotante e a movimentação das crianças — algumas excitadas, outras agressivas, outras angustiadas — induz ao mesmo circuito de solidão, comida de má qualidade ingerida às pressas, brincar no recreio, mais solidão e doces para a engorda. Claro que o ideal seria que as crianças comessem em pequenos grupos em vez de ficar perdidas em um imenso refeitório onde não podem conversar por causa do barulho ensurdecedor, não podem se levantar porque são obrigadas a ficar sentadas, não podem não comer porque há quem vigie a quantidade que as crianças consomem para depois informar corretamente aos pais e depois têm que continuar com as tarefas escolares no meio de um processo digestivo sem descanso.

De fato — como já apontamos —, ao voltar para casa, as crianças costumam estar famintas. Se conseguíssemos compreender que chegar em casa com fome é um pedido de ajuda da criança, talvez déssemos importância ao tempo de repouso, conversa e nutrição necessários para que se reencontrassem depois de uma jornada muito exigente. Isso pelo lado dos pais.

Se somos professores, talvez possamos refletir e pensar não apenas na qualidade dos alimentos servidos nas escolas, mas também nas condições em que alimentamos as crianças. Os docentes costumam comer afastados em uma sala com relativa calma enquanto as crianças são atendidas por pessoas especializadas. Por quê? Porque qualquer adulto que tenha tentado se sentar no refeitório escolar experimentou o esgotamento que é produzido pela desordem, pelos gritos, brigas e barulhos em geral.

Por que supor que esse mesmo aborrecimento não tem efeitos negativos sobre as crianças? Por acaso é um assunto menor? Não é. Entendo que chegaremos à conclusão de que a escola não pode assumir todas as obrigações relativas à educação das crianças. Então teríamos que imaginar maneiras possíveis de resolver comunitariamente a ausência dos responsáveis em casa e pensar como o fato nutritivo terá de ser tratado de outra maneira saudável.

As lanchonetes escolares são outra grande contradição. As crianças são incitadas a comprar e consumir a pior variedade de doces, açúcares e farinhas dentro da própria escola onde — se estão com fome — não têm nenhuma outra opção além de comprar o que há nessa lanchonete. E se essa é a comida que lhes é oferecida na **escola**, onde aprendem supostamente os valores sociais, fica claro que a sociedade como um todo está endossando que dar às crianças a pior comida é o que lhe cabe fazer.

O sobrepeso infantil se transforma em uma **doença invisível** porque, quando as crianças gordas são muitas, isso passa a ser **normal** e deixamos de perceber que há um problema que é preciso assistir. O maior perigo é desprezar coletivamente a questão **da falta de amor**, acreditando que, enquanto não for muito notado, não haverá perigo.

A IMPORTÂNCIA DOS ALIMENTOS

Refletir seriamente sobre os alimentos que ingerimos e aqueles que oferecemos a quem supostamente amamos nos situa em um território de responsabilidade. Pensar para onde vamos, por que estamos nesta vida, o que nos interessa, o que podemos oferecer, qual é nossa vocação, como podemos praticar nossa capacidade de amar, como podemos participar da vida coletiva, como assumimos a saúde e a doença, como experimentamos os nascimentos e as mortes têm a mesma importância que a questão alimentar.

Estamos atravessando um período da história em que há superabundância de alimentos — embora mal distribuídos. No entanto, a maioria desses comestíveis excedentes nos adoece. Os alimentos desnaturados têm uma grande parcela de responsabilidade na deterioração física e nas doenças, desde as mais leves até as mais graves. De fato, com o avanço das tecnologias e com a disponibilidade de todo tipo de alimentos, **a humanidade não está menos doente do que antes**. Só mudaram os sintomas e os tipos de doenças: antes os seres humanos morriam de varíola, peste bubônica, poliomielite, malária, tifo ou cólera. Hoje morremos de câncer, diabete, obesidade ou Alzheimer.

"Que seu alimento seja seu remédio e que seu remédio seja seu alimento", disse Hipócrates — considerado o pai da medicina moderna — 400 anos antes de Cristo. No entanto, seria triste pensar no alimento só para nos salvar de morrer antes do tempo, em vez de vivermos em sintonia com nossa própria natureza.

Os adultos que estão criando crianças pequenas têm nesta área uma responsabilidade enorme. Não é indistinto se interessarem ou não pelos alimentos. É um dos assuntos mais importantes durante a criação e, de fato, funciona em paralelo com as questões afetivas: alimento espiritual e alimento material. Aqueles que estão em contato emocional com suas criaturas e podem senti-las e percebê-las a partir de suas próprias realidades interiores sentirão também se esses alimentos que oferecem as favorecem ou fazem mal. Ao contrário, se estiverem emocionalmente desconectados não perceberão as lesões que estão infligindo aos seus filhos. A natureza dos alimentos manifesta a proximidade ou a distância que mantemos em nosso ser interior. Isso acontece também conosco: se estamos saudáveis ou doentes, em parte tem a ver com a nossa nutrição, tanto física como emocional.

AS DESINTOXICAÇÕES

Por mais que queiramos mudar logo nossa dieta, teremos que desintoxicar nosso organismo antes disso. Existem muitas dietas *detox*, como as terapias colônicas ou as terapias de limpeza hepática, que eliminam as impurezas acumuladas em nosso organismo e nos permitem ficar mais receptivos para os nutrientes saudáveis que vamos começar a ingerir.

Hoje circulam muitas informações a respeito das mudanças de hábitos que precisamos implementar para voltar a um equilíbrio minimamente saudável. Quanto à alimentação, seria sensato observar nosso desenho original como espécie de mamíferos. Nosso desenho biológico é frutívoro. Durante cinco milhões de anos de evolução tivemos que nos adaptar a mudanças ambientais e sobrevivemos em certos momentos históricos graças à proteína animal, à cocção e aos cereais. Mas em vez de voltar à origem — já que agora não há guerras nem fome generalizada —, consideramos adequados os alimentos que não são específicos para os seres humanos, além de industrializá-los. Inclusive convivemos com doenças como se fosse algo normal, mas não é.

A maioria dos alimentos que consumimos não está adaptada a nossa fisiologia. Então a flora se desequilibra, gerando putrefação, inflamação e tornando mais lento o movimento do bolo alimentar. Essa combinação de fatores cria um perigoso incremento da permeabilidade intestinal, permitindo que uma grande quantidade de macromoléculas alimentares e bacterianas atravessem facilmente a delgada mucosa intestinal. Dessa maneira, muitas substâncias nocivas chegam ao fluxo sanguíneo suscitando grandes problemas posteriores, como o colapso hepático, as novas parasitoses e a baixa reatividade do sistema imunológico.

Por isso, muitos estudiosos da saúde retomam hoje sabedorias antigas, compreendendo que há dois movimentos urgentes a realizar: **depurar** o sistema digestivo e **nutrir** com alimentos fisiológicos. Caso contrário, surgirão as doenças, que são diferentes estágios de um transtorno biológico, mais ou menos grave.

Contudo, comer saudavelmente significa voltar à natureza frutívora: **frutas, hortaliças e sementes**. Não há macro ou micronutriente que não esteja adequadamente presente nestes grupos alimentares. Ou seja: não há desculpas científicas nem práticas para não levar adiante essa experiência em nossos lares.

Todos sabemos quais alimentos nos são proveitosos porque nos sentimos bem quando os ingerimos: **frutas, hortaliças e sementes**. Estes alimentos podem ser ingeridos sem cocção. O alimento cru foi nossa base fisiológica durante milhões de anos e é o princípio de inúmeras terapias que resolvem problemas crônicos e degenerativos, como diabetes ou câncer. Definitivamente, quanto mais nos aproximarmos da pureza fisiológica, mais depressa sairemos do transtorno e da doença. Contrariamente, quanto mais nos afastarmos dessa tríade alimentar, mais transtorno e doença cultivaremos. É simples, contundente e fácil de entender.

Quais são os alimentos que poderíamos consumir sem restrições? Todas as verduras cruas, todas as frutas cruas, todas as sementes inteiras, trituradas ou em forma de leite, e todas as algas.

É interessante observar que a maioria das religiões mantém preceitos saudáveis para recuperar o equilíbrio perdido; os **jejuns**, por exemplo. Logicamente, elas também sugerem que se faça atividades físicas com regularidade.

Quais são os alimentos que mais nos intoxicam? O leite e seus derivados. Podemos fazer o teste de suprimir qualquer vestígio de leite e laticínios durante 15 dias e observar os resultados. Também as farinhas e féculas, especialmente de trigo, milho e soja. Todos os alimentos refinados industrializados, como o açúcar branco, a farinha branca, o arroz branco, os azeites refinados e o sal refinado. Também deveríamos descartar completamente os refrigerantes, os pães e similares, os flocos de cereais e os doces.

Há quem opine que essas dietas são muito difíceis de implementar. Eu me pergunto se não é difícil perder um tempo valioso em consultórios médicos, adoecer, ter dores crônicas, problemas digestivos, desconfortos diversos e transtornos físicos permanentes.

Saúde e doença

A FILOSOFIA DA MEDICINA OCIDENTAL

Quando era criança, li que na China antiga, quando alguém adoecia, o médico — certamente naqueles tempos não era chamado de médico, mas, talvez, de "sábio que cura doenças" — visitava a família, mas não era pago, porque se havia uma pessoa doente era porque quem devia manter sua boa saúde não fizera seu trabalho direito. Achei o conceito maravilhoso. A partir desse momento, sempre achei impróprio pagar a um profissional de saúde quando era evidente que não havia boa saúde.

Muitos anos depois, vivendo em Paris e praticando a macrobiótica com uma obstinação inerente à minha juventude, levava meus filhos a consultas com um médico que só me receitava dietas macrobióticas. Claro, ia apenas uma vez a cada dois anos, porque meus filhos nunca ficavam doentes. Então recordei esta sabedoria chinesa e propus lhe pagar uma pequena quantia mensal porque — com clientes como eu — ele não ia ter trabalho. Ele deu uma gargalhada — coisa pouco frequente entre os franceses — negando-se categoricamente. No entanto, sempre achei a ideia brilhante. E sensata.

Em contrapartida, a corporação médica ao redor do mundo se baseia em que estejamos o mais doentes possível. Porque esse é o **negócio**. É uma junta comercial que está associada aos laboratórios como parte da mesma organização, dividindo as tarefas: os laboratórios fabricam os remédios que nos mantêm doentes enquanto os médicos constituem a enorme agência de marketing e de venda desses remédios. Depois são premiados com viagens e benefícios financeiros.

É um exagero? Não. É o que acontece.

A medicina ocidental ou alopática apresenta vários problemas filosóficos. O mais evidente é que analisa o corpo físico separadamente do ser que lhe dá vida. De fato, os estudantes de medicina realizam suas práticas com cadáveres, como se cada órgão pudesse ser compreendido ao ser cortado e dissecado. Pior ainda: na era das especializações, cada profissional vai diminuindo a lente até se transformar em um suposto especialista em um único órgão. Com isso, os médicos não apenas deixam de levar em conta o organismo de um indivíduo em seu conjunto, mas como deixam de lado aquele sujeito, que não lhes importa nem um pouco. É um despropósito. Um pâncreas não conseguiria andar sozinho por aí — nem são nem doente — sem um organismo do qual faz parte e sem a vida da pessoa que o faz funcionar a cada segundo.

O estudo da medicina tal como acontece na maioria das universidades do mundo ocidental carece de pensamento. Creio que esse é o maior problema. Só são estudados os corpos humanos sem vida, depois se estuda o funcionamento normal de cada órgão, depois as doenças que aparecem e, por último, a farmacologia para suprimir os sintomas das doenças — não para curar, mas para que parem de incomodar.

Se nosso automóvel tivesse um defeito e aparecesse uma luz vermelha no painel, nós o levaríamos ao mecânico para que descobrisse que parte da maquinaria está com problemas e o consertasse. Em nenhum caso aceitaríamos que arrancasse do painel a luz vermelha que tanto nos incomoda. No entanto, é isso o que fazemos com algo mais importante que nosso carro: nós mesmos. Buscamos suprimir as dores ou moléstias físicas procurando médicos que respondam aos nossos pedidos.

A medicina, tal como a consumimos hoje, adoece de falta de pensamento a respeito da doença como manifestação da informação que a consciência de cada indivíduo está em condições de receber. Para isso, teríamos que começar por compreender que cada sintoma corporal é — em parte — resultado de um nível de intoxicação alimentar sem precedentes na história da humanidade. Para as duas realidades, há caminhos possíveis. Como já vimos no capítulo anterior, podemos voltar a nos alimentar de acordo com nossa fisiologia. Mas também deveríamos levar em conta os gritos da alma ferida que encontram no corpo físico uma oportunidade para se revelar.

O COMÉRCIO DOS CUIDADOS MÉDICOS

Em muitos países ocidentais, o consumo de cuidados médicos está nas mãos de grandes corporações privadas. Só este dado deveria nos alertar. Pagamos planos de saúde, assim como pagamos o seguro do nosso carro ou o seguro de nossa casa. E, como pagamos mensalidades altas, quando fazemos uso destes serviços, temos a impressão de que não gastamos mal nosso dinheiro.

O grande dilema é que se trata de ganhar dinheiro. Portanto, aqui as prioridades não são nem a saúde do indivíduo nem o bom exercício da medicina, que tampouco tiram uma fatia que valha a pena. Quanto mais imponentes são os edifícios onde funcionam os escritórios das corporações de seguros de saúde, menos importante é o atendimento médico ou o progresso da saúde de quem consulta. Não estou afirmando que não se tenha que ganhar o dinheiro que corresponde a cada ofício, mas exatamente o contrário. Afirmo que o dinheiro em circulação se encaminha para grandes empresas, que pouco tem a ver com o interesse pela saúde da população nem com o conhecimento dos profissionais comprometidos.

Justamente, como os médicos ganham pouco dinheiro — porque não cobram diretamente de seus clientes, mas são empregados das grandes corporações que recebem altas quantias dos usuários —, tampouco dispõem de tempo, de disponibilidade ou de treinamento para ouvir, se vincular, pesquisar nem acompanhar um percurso terapêutico junto à pessoa enferma. O fato de as grandes empresas serem intermediárias entre o médico e o doente já desvirtua o processo de cura. Porque ambos são prisioneiros de uma formidável engrenagem que consome todos nossos recursos financeiros e emocionais.

O fato de nós, médicos, termos deixado de ser pessoas sábias, maduras, reflexivas e altruístas é uma perda inestimável para a comunidade como um todo. Muitos jovens — quando começam a estudar medicina — conservam ideais relacionados a fazer o bem, curar, ajudar e aliviar o sofrimento do próximo. No entanto, essas utopias foram caindo no esquecimento, à medida que a formação médica foi colocando a tônica no poder e no suposto saber que será necessário que assumamos para submeter os indivíduos que nos consultam por diferentes patologias.

Observemos que aqueles que se consultam são chamados de "**pacientes**". Por que eles teriam que ter paciência? Por que deveriam se submeter pacientemente e obedecer a qualquer indicação médica ou farmacológica? Por que, sendo pacientes, não se atreveriam a questionar certas opiniões? Por que esperam pacientemente longas horas nas salas de espera dos consultórios médicos até que alguém se digne a atendê-los sem nem sequer lembrar seus nomes? Por que, quando estão internados em alguma instituição, são pacientes sem identidade, sem história ou, inclusive, sem objetos pessoais, que — como em uma prisão — ficam sob custódia dos estabelecimentos? Por que aceitam pacientemente que lhes mintam quando os médicos têm diagnósticos que acham que não devem conhecer detalhadamente? A palavra "**paciente**" dá conta do conceito filosófico que compartilhamos, sobre a relação entre o profissional e a pessoa que se consulta. Deixar de ser pacientes nestes contextos de submissão também é responsabilidade de cada indivíduo adulto.

O sistema funciona sem questionamentos: quando temos um sintoma, visitamos um médico. Se temos plano de saúde, dispomos de uma lista de profissionais associados àquela empresa. O médico ganha pouco dinheiro pelo atendimento de cada paciente, portanto, lhe dedicará poucos minutos, o suficiente para receitar uma série de exames clínicos — outro ramo associado às empresas de saúde —, já que a sabedoria dos curandeiros foi esquecida e, agora, sem a mediação dos laboratórios, não sabem por onde começar a investigação clínica. Assim nós, os doentes, ficamos horas e horas em salas de espera para análises de todo tipo, assinaturas, carimbos, autorizações para voltar aos consultórios médicos e sair com várias receitas de remédios que compraremos em farmácias. Se em nenhuma destas instâncias ninguém nos perguntou pelas nossas dores da alma, por nossa história, pelas circunstâncias vitais que estamos atravessando, por nossa alimentação, nosso sedentarismo, nossa família ou nossas preocupações, dificilmente nos aproximamos — mesmo aparentemente — das doenças que nos afligem.

O que podemos fazer? É um grande dilema. Do meu ponto de vista, a princípio seria necessário reduzir a projeção desses supostos saberes dos médicos convencionais. Na medicina alopática, quase não restam vestígios de sabedoria. Logicamente, há técnicas uteis, sobretudo nas emergências. Mas a maior parte das práticas médicas evidencia o fracasso da humanidade por ter se afastado tanto da nossa fisiologia. Por isso, deixar de esperar que um rapaz de 28 anos que veste um jaleco branco seja o responsável por curar nosso reumatismo ou nossa gastrite seria um bom primeiro passo. Além do mais, ninguém pode curar ninguém. Só cada um de nós pode se curar, compreendendo que a cura é uma **ampliação de consciência**, não a supressão de um sintoma qualquer.

AS DOENÇAS CORRIQUEIRAS

As mais comuns são as respiratórias e as digestivas. Estão presentes tanto em crianças como em adultos. Logicamente, começam com sintomas leves, que depois podem se agravar, na medida em que não pesquisemos as origens e os motivos dos primeiros indícios.

Os resfriados, gripes, anginas, otites, dores de garganta, bronquites, broncoespasmos ou pneumonias são manifestações incômodas pela presença de **muco** no aparelho respiratório. Tal como dissemos, na imensa maioria dos casos, seriam resolvidas eliminando completamente — ou seja, absoluta e plenamente — qualquer rastro de alimento que contenha **leite de vaca**. Se fizéssemos um teste no período de uma semana, veríamos os resultados. Mas, espantosamente, achamos muito difícil realizar uma façanha desta natureza! Isso não é surpreendente? Poderíamos curar espontaneamente todas as dores de garganta, os resfriados intermináveis, a febre, os sintomas de cansaço e esgotamento, as inflamações das amídalas, as dores de ouvido, e inclusive poderíamos evitar as internações de crianças pequenas por falsos crupes e broncoespasmos, apenas suprimindo integralmente a ingestão de leite de vaca. Seria tão fácil, tão econômico e tão simples... que não parece crível.

Mais inverossímil ainda é observar que o conjunto dos profissionais médicos que atendem crianças não conhece esta fórmula antiga, simples, natural e fisiológica. As crianças estão doentes por intoxicação: **excesso de leite de vaca, açúcar e farinhas brancas**. Qual seria a lógica? Suprimir aquilo que as intoxica. No entanto, isto não acontece. Na imensa maioria dos casos, os médicos receitam antibióticos, com uma leviandade que espantaria o próprio Alexander Fleming (considerado o descobridor da penicilina, embora muitos outros cientistas tenham participado dessa descoberta). Todos sabemos que o uso em massa de antibióticos gerou resistências nas bactérias e isso obrigou os laboratórios a fabricar antibióticos cada vez mais potentes.

A questão é que, quando uma criança está um pouco febril porque seu próprio organismo reagiu saudavelmente contra a intoxicação produzida — em parte pelos alimentos antinaturais que ingeriu —, em vez de compreender esta dinâmica natural, acessível e afável, mantendo-a em repouso e com um relativo jejum, lhe damos um antibiótico, ou seja, introduzimos em seu corpo mais toxicidade. Com isso, é impossível que a criança se cure. Em suma, suprimirá o sintoma, mas, pouco tempo depois, o muco acumulado ou o desequilíbrio do corpo voltarão a se manifestar.

Também é surpreendente que os hospitais anunciem que estão lotados de crianças com doenças respiratórias e que as indicações gerais sejam: agasalhá-las bem em períodos invernais, lavar bem suas mãos e dar-lhes banhos de vapor. Não é ruim dar banho de vapor nas crianças; o vapor abre as vias respiratórias e elas costumam se sentir mais aliviadas, mas, é evidente, não estamos indo à raiz do problema. Com frequência, aparecem notícias nos jornais com indicações médicas gerais para as famílias com o objetivo de "combater" as enfermidades e as sugestões são as mesmas: agasalhá-las e que durmam em ambientes arejados. Como se o frio e o ar fossem os culpados pelas doenças. Não encontrei uma única referência à supressão da ingestão de leite, laticínios, farinhas brancas nem açúcar nos meios de comunicação de massa. Isso só é compreensível no contexto de duas opções: ou as corporações precisam de uma população cada vez mais doente para que consumamos mais cuidados médicos e remédios, ou a ignorância é tão ampla que temos que procurar caminhos alternativos em âmbitos que não sejam os dos médicos convencionais.

As doenças digestivas comuns também são — em parte — consequência do consumo de alimentos não fisiológicos, além de ser evidente vincular o alimento à digestão. Nós, adultos, padecemos delas mais frequentemente que as crianças por uma razão simples: as crianças expulsam com mais espontaneidade os alimentos tóxicos. Por sua vez, nós, adultos, ingerimos lixo durante tantos anos que nossos órgãos destinados à limpeza interna — especialmente o pâncreas e o fígado — não reagem mais. Por isso, o aparelho digestivo sofre. Todos somos capazes de detectar quais alimentos digerimos melhor e quais assimilamos com mais dificuldade.

No entanto, — diante de evidências tão óbvias — também visitamos os médicos para que reduzam as dores e os incômodos do aparelho digestivo. E se algum médico nos indica uma dieta, raramente será à base de alimentos fisiológicos, e sim segundo a famosa pirâmide nutricional estudada na universidade, que já demonstrou fielmente sua total falta de sensatez. Assim estamos. Consumindo fármacos para a acidez estomacal, para as constipações, para o refluxo, para as náuseas, vômitos, síndrome do intestino irritável, inflamações abdominais etc.

Claro que podemos conviver com estes sintomas: são incômodos, mas não nos impedem de levar uma vida normal. Justamente, a banalidade os torna invisíveis. Assim como nas grandes cidades já não reparamos no barulho nem na poluição. Nos acostumamos. O que não significa que tenhamos que estar submetidos a tudo o que nos faz mal.

A ARMADILHA DA MEDICINA TRADICIONAL

Não é nenhuma novidade afirmar que as pessoas poucas vezes respondem favoravelmente aos tratamentos da medicina tradicional. No entanto, as diferentes medicinas alternativas têm melhores resultados comprováveis. Além disso, são eficazes, mais baratas e sem efeitos colaterais.

Observemos com olhos bem abertos o ensinamento da medicina tradicional: todas as apresentações e informes que aparecem nos congressos médicos são controlados e requerem obrigatoriamente ser aceitos pelo "comitê científico" organizador do congresso. E quem designa esse comitê científico? Quem financia o evento, ou seja, a indústria farmacêutica. Sim, as multinacionais decidem o que se ensina aos futuros médicos nas faculdades, o que se publica e se expõe nos congressos de medicina. A medicina, assim como a conhecemos, responde ao negócio dos laboratórios. O que interessa às indústrias? Ganhar dinheiro. Como conseguem isso? Fazendo com que as pessoas adoeçam, já que quem está saudável não gera lucros. Se capturam uma boa porção da população, mantendo-a com doenças crônicas, então consumiremos todo tipo de produtos paliativos para aliviar a dor, embora não resolverão nunca as nossas doenças de base. **A medicina atual é concebida para que perduremos doentes e compremos remédios durante o maior tempo possível.**

Nós, médicos, — na maioria das vezes sem nos darmos conta — somos o combustível que mantém a engrenagem. Estudamos na universidade uma quantidade de conceitos que acreditamos serem os únicos válidos. Depois, durante as práticas nos hospitais, nos reforçam a ideia de que curamos ou salvamos vidas e que deveríamos evitar as mortes, que seriam o fracasso do nosso ofício. Não recebemos nenhuma instrução a respeito de como nos envolver humanamente com as pessoas que atendemos, mas, pelo contrário, favorecemos a aura de superioridade que conquistamos assim que recebemos nosso diploma de médico.

É verdade que as cirurgias resolvem rapidamente algumas emergências, às vezes os antibióticos ou os modernos exames podem contribuir com uma ajuda valiosa, mas não curam. Eliminam as manifestações dos problemas no corpo físico, mas — mais cedo ou mais tarde — eles ressurgirão.

Ainda por cima, a medicina científica só reconhece o que se vê, se toca ou se mede e nega qualquer conexão entre as emoções, o pensamento, a consciência e o estado de saúde de cada indivíduo. E, se surge algum sintoma inexplicável, ele é rotulado com o diagnóstico de "doença psicossomática" e o assunto é dado por encerrado.

Observemos que, cada vez que visitamos um médico pelo motivo que seja, estamos entrando no mecanismo da medicina global, que nunca jogará a favor de nossa saúde nem de nosso estado de consciência, porque não é concebido para isso, e sim para ganhar dinheiro. Cada consultório médico é arquitetado sob um mesmo sistema que responde à indústria farmacêutica, às autoridades políticas, aos grandes laboratórios, aos hospitais, às companhias de seguro, aos conselhos de médicos, aos próprios médicos e à Organização Mundial da Saúde. Não a nós, os usuários dos cuidados médicos. Quero dizer que, se verdadeiramente buscamos reencontrar nosso equilíbrio físico, nunca o encontraremos na organização médica convencional.

Insisto que o problema é a falta de pensamento autônomo sobre nossa saúde, sobre nossas doenças e sobre a responsabilidade que nós, adultos, estamos dispostos — ou não — a assumir. Se preferimos delegar aos médicos, eles farão o que aprenderam, minando cada vez mais nossa saúde física e nosso bem-estar emocional. Mas se compreendermos que nosso corpo é nosso, nossas emoções são nossas, nossa sabedoria e nossa ignorância são nossas, o destino que nos mostra caminhos de consciência é nosso... saberemos que, em qualquer momento, poderemos assumir a liberdade para nos compreendermos, conhecer-nos e alcançar um maior bem-estar com a seriedade que merecemos.

MEDICINAS ALTERNATIVAS

Há muitas medicinas suaves ou alternativas, algumas são sérias e outras nem tanto. Cada um de nós é responsável por separar o joio do trigo, avaliando a solução — não só de determinada técnica —, mas, sobretudo, do profissional que a utiliza. Muitas destas terapias ajudam a sanar, mas tampouco curam. Porque só podemos curar a nós mesmos, elevando nossa consciência, tendo um olhar ampliado, honesto e com um panorama geral de nossa sombra. Quando somos conscientes, deixamos de precisar de médicos, embora sempre seja interessante apoiar-nos em mestres ou sábios a partir de outras perspectivas, aprofundando nossas percepções para compreender aquilo que estava oculto. Um curandeiro é alguém que nos guia com contundência e verdade, incitando-nos a nos despojar do lixo emocional que fomos acumulando ao longo de nossas vidas e do qual já não precisamos. Então, se estivermos dispostos a assumir nossas fraquezas, medos, fúrias ou pretensões infantis e tomarmos a decisão de nos redimir, talvez já estejamos prontos para viver em estado de graça.

Há curandeiros sábios que trabalham com várias técnicas holísticas. Infelizmente, às vezes os qualificamos com leviandade, sem compreender o alcance da verdade que tentam nos mostrar. Perseguimos alguns deles como em outras épocas se assediava bruxos e delinquentes. No entanto, com frequência, graças ao vínculo amoroso e às diferentes técnicas que nos animam a nos colocar em eixo com nós mesmos, efetivamente nos curamos.

Por outro lado, é surpreendente que a própria comunidade médica defenda que os médicos dissidentes sejam reduzidos ao silêncio. São acusados de irresponsáveis, acusados de exercer seus ofícios fora da lei e inclusive são constrangidos a renunciar a suas licenças. A comunidade médica também usa qualquer recurso para alimentar na população o medo da doença, instalando a crença generalizada de que estaremos em perigo sem um plano de saúde.

No entanto — em parte graças à internet —, há muitas informações disponíveis para quem queira pesquisar seriamente. Não é necessário pesquisar muito para constatar que os medicamentos nos envenenam e que a medicina convencional vai nos matando aos poucos. Observemos qualquer família média: as crianças chegam a receber mais de 35 vacinas antes de começarem a ir para a escola. Depois, continuamos com essa lógica até que cada membro da família tenha seu próprio comprimido: o pai, o Viagra; a mãe, o Prozac; a criança, a Ritalina. Não é absurdo? Alguém se cura? Não. Estamos cada vez mais doentes.

Embora as evidências do desastre ecológico sejam contundentes, ainda não se formou uma massa crítica de usuários, para demonstrarmos, com nossas próprias experiências, que ficar fora da medicina convencional com responsabilidade e compromisso, gera saúde. E que continuar dentro do sistema gera maiores sofrimentos e deterioração de nosso equilíbrio físico e emocional.

Já é hora de chamar a atenção para o fato de que, quando visitamos um médico, estamos nos apoiando em um especialista em doença, não em um especialista em saúde, portanto jamais sairemos do consultório mais saudáveis. Talvez precisemos percorrer um longo caminho até perdermos o medo e pararmos de manter tanta obediência e tanto respeito pela figura do médico e suas terapias supostamente científicas.

Desde já temos que rever o imenso medo que nos corrói. Acontece que esquecemos uma coisa que sabíamos perfeitamente quando éramos crianças: que somos perfeitos e que essa perfeição se manifesta quando permanecemos alinhados com nossa própria natureza.

A DOENÇA COMO CAMINHO

A medicina ocidental erra por falta de filosofia, pois só responde à funcionalidade e eficácia. Tal como afirmaram muitos pesquisadores, em particular Thorwald Dethlefsen e Rüdiger Dahlke, os processos funcionais nunca têm significado em si mesmos, mas dependem das interpretações que lhes atribuímos. Por exemplo, o mercúrio subindo em um tubo de vidro não significa nada em si mesmo, mas nós interpretamos que a temperatura subiu. Ou outro exemplo: o valor de uma pintura não está na qualidade da tela nem nas cores; a obra artística carrega uma ideia, algo que o artista quer expressar, então a tela e as cores lhe permitem manifestá-lo através da matéria física.

O mesmo acontece com a doença e a cura. A manifestação física de um sintoma não tem nenhum sentido se não encontrarmos a interpretação fora desse plano.

Doença e saúde são conceitos singulares, pois se referem a nosso estado em geral e não a órgãos ou partes do corpo. Nossos corpos nunca estão doentes nem saudáveis já que só manifestam as informações de nossa mente. O corpo não faz nada por si mesmo. Para comprová-lo, basta ver um cadáver. Nossos corpos podem funcionar graças a instâncias imateriais: a vida, a alma que vive em nós. Nossa consciência emite uma informação que se manifesta e se torna visível em nosso corpo.

Portanto, tudo o que acontece com nosso corpo é expressão de algo que acontece em nossa consciência. O ponto de partida é sempre a consciência. Quando emitimos uma informação relativamente harmônica, a chamamos de saúde; e quando essa informação está desequilibrada, a chamamos de doença. Em consequência, a enfermidade é simplesmente a perda da harmonia produzida por nossa consciência, que nosso corpo tornou visível. Nosso corpo físico é o veículo de tudo o que nossa consciência precisa expressar. Isto é assim quando aparecem as doenças psicossomáticas? Acontece que todas as doenças são psicossomáticas.

Compreender isto é fundamental para poder aceitar que com a prática massiva da medicina alopática o número de doentes não diminuiu. Agora há tanto doentes como houve sempre — embora os sintomas sejam outros. Portanto, poderíamos parar de combater a doença e, pelo contrário, compreender a complexidade das emoções humanas. Os sintomas são portadores de informações valiosas, pois mostram que perdemos o equilíbrio das forças da alma.

Por isso, os sintomas não são nossos inimigos e sim nossos aliados, já que nos guiam para encontrar o que nos falta. Para isso, temos que aprender a linguagem dos sintomas, que se baseia na relação entre nosso corpo e nossa mente. Neste sentido, os sintomas são sinceros. Nos mostram a verdade cruamente. Se nos atrevermos a lhes dar atenção, serão guias infalíveis no caminho para a verdadeira cura. Ao nos demonstrar aquilo que nós devemos assumir conscientemente, nos permitem aprender e nos tornar conscientes daquilo que ainda mantínhamos em nossa sombra.

Essa é a diferença entre combater a doença e transmutá-la. A cura não acontece quando suprimimos o sintoma, mas quando nossa consciência se expande. Insisto em dizer que nosso corpo não está doente nem saudável e sim que apenas reflete nosso estado de consciência. As doenças não são necessariamente um obstáculo que cruza nosso caminho; a doença em si pode ser o caminho para a cura. Todos poderíamos nos servir da doença, mas antes deveríamos ampliar nosso horizonte.

COMO RECUPERAR O EQUILÍBRIO PERDIDO?

Nós, seres humanos, nascemos perfeitamente alinhados com nossa própria natureza. Nesse sentido nascemos sãos, mas, mal começamos a ter experiências cotidianas, ingressamos no mundo da polaridade: frio/calor. Dia/noite. Sono/vigília. Bem-estar/mal-estar. Grande/pequeno. Duro/mole. Fome/saciedade etc.

A chegada na vida terrestre é complexa, mas quando não obtemos a satisfação prazerosa das nossas necessidades básicas, pode se transformar em uma experiência aterrorizante. O equilíbrio natural é baseado no prazer, na confiança e na bondade. No entanto, a infância — com frequência — se transforma em um dos períodos mais difíceis da vida, porque ao depender completamente dos cuidados e da proteção de um adulto — a princípio nossa mãe — e não podendo resolver nada por conta própria, ficamos dependentes do que o adulto responsável seja capaz — ou não — de fazer conosco. Se pode pouco, será o início da deterioração de nossa estabilidade. Se pode muito, cresceremos e nos desenvolveremos em harmonia emocional.

Nossas histórias pessoais estão longe de uma consonância esperada. Por isso, enquanto íamos perdendo o equilíbrio natural que trazíamos conosco, fomos adotando mecanismos que nos ajudaram a sobreviver. As doenças sempre funcionaram como faróis no caminho. Quando éramos crianças, os sintomas eram guias para as pessoas que nos criaram, mas se elas não observaram com os olhos bem abertos nossos sinais e só nos arrastaram para consultórios médicos, empanturrando-nos de remédios para suprimir os indícios de nossas almas querendo contar o que estava acontecendo, perdemos excelentes oportunidades. Nossos responsáveis e nós mesmos. Uma vez que nos transformamos em adultos, abandonamos esses rastros e, portanto, faz muito tempo que estamos perdidos.

Pois bem, as doenças podem nos reconduzir ao caminho da consciência. Uma maneira confiável é rebobinar e percorrer cronologicamente toda a história de uma doença, desde quando percebemos os primeiros sintomas. Ver o que acontecia nesse período de nossas vidas. O que desejávamos. O que reprimíamos. O que nos era imposto. O que escolhíamos. O quanto notamos nossos sofrimentos. Quais remédios ingerimos. Quantas vezes os sintomas voltaram a aparecer e em quais circunstâncias. Quais foram as abordagens médicas. Quais foram as interpretações psicológicas. Que outros sintomas foram emergindo. Quando foram aumentando. Como se manifestam hoje. Quais foram os órgãos afetados.

A cronologia de nossos sintomas — observados com um olhar atento — permite que rebobinemos, organizando inclusive outros aspectos de nossas vidas, não necessariamente relacionados às doenças. Então lhes outorgaremos um novo significado transcendental. Todos nossos sintomas trazem informações exatas sobre aspectos que não admitimos no passado e, no entanto, nos pertencem. Compreendendo o alcance dessas advertências saberemos voltar ao nosso eixo, às vezes tomando decisões corajosas que funcionem a favor de nosso ser essencial, ou seja, a serviço dessa substância individual que obviamente permitimos que se perdesse, tentando sobreviver ao desamor.

A **biografia humana** — sistema de indagação profunda que desenvolvi e que está amplamente descrito em outros livros de minha autoria — pretende utilizar os sintomas, os acontecimentos, as penúrias, as surpresas e as incompreensões daquilo que nos rodeia, como exemplos infalíveis do nosso material sombrio, que nós, adultos, estamos em condições de compreender e aceitar, para ampliar nosso estado de consciência, nos elevar e nos curar.

A saúde é a manifestação de nossa alienação de nossa própria natureza física e espiritual. As doenças nos ajudam a sempre voltar a nos colocar no caminho do eu autêntico, para que possamos nos consagrar e transcender a favor da humanidade ao invés de ficar nos ocupando de nossas pequenas misérias cotidianas.

DOENÇAS GRAVES: QUANDO O SER ESSENCIAL NÃO NEGOCIA MAIS

Vivemos tão cegos e distantes do nosso eu autêntico que acreditamos que as doenças graves aparecem subitamente, sem dar avisos e como consequência do acaso. No entanto, não é verdade. Quando uma doença grave se instala, é porque nosso eu já nos vinha dando sinais há muito tempo. Talvez há cinco, vinte ou quarenta anos. Durante todo esse período, subestimamos sua importância ou então os combatemos com a lógica da medicina alopática.

A questão é que, um belo dia, o sintoma se apresenta em todo o seu esplendor. Talvez apareça um câncer agressivo. Temos medo de morrer. Começamos a lutar contra a morte e nessa batalha a medicina convencional se sente como se estivesse em casa. Paradoxalmente, mais do que nunca, temos aqui uma nova oportunidade de entender o que nosso eu verdadeiro está manifestando e nosso personagem se sobrepõe com força de novo e de novo.

Por exemplo, durante a infância, um indivíduo qualquer se adaptou, correspondendo às exigências de seus pais. Suponhamos que os valores fossem o sucesso profissional e financeiro. Talvez fosse uma criança sensível, mas cresceu em uma família ou em uma comunidade na qual a mobilidade de uma classe social para outra mais abastada era o anseio primordial. Essa criança enviou à sombra sua vulnerabilidade, sua ternura e a comunicação de seus desejos. Assim cresceu. Foi um adolescente normal, bom aluno e trabalhador dócil. Envolveu-se com uma mulher tão ambiciosa e assertiva quanto sua própria mãe, delegando a ela as decisões familiares, o estilo de vida, a administração dos recursos, o lugar onde morar e a manutenção de certas relações sociais. Há algo de negativo em tudo isto? Não, salvo que esse indivíduo — como quase todos nós — sempre se manteve afastado do seu ser essencial. Por quê? Porque, quando era criança, sua mãe esteve centrada em si mesma e em suas próprias expectativas em vez de estar centrada nessa criatura em particular para que ela desenvolvesse seus próprios recursos e habilidades, e a criança **se adaptou**. Insisto neste ponto: se adaptou às necessidades ou às expectativas dos adultos. Por que se adaptou? **Para ser amado.** Coisa de que todas as crianças precisam pelo simples fato de serem crianças.

Então este indivíduo, acostumado a se adaptar aos desejos dos demais, foi se afastando dos seus próprios. Tanto que parou de percebê-los. Às vezes, sofria de gastrite, mas nunca relacionou a manifestação do sintoma com circunstâncias nas quais — tanto no ambiente profissional como em seu próprio lar — se requeria que aceitasse com mais facilidade decisões alheias. De qualquer maneira, a engrenagem estava azeitada, portanto não percebia os preços emocionais que seu eu deveria pagar. O personagem se impunha, ou seja, o mecanismo de sobrevivência que usara desde tempos remotos respondia eficazmente. A gastrite era combatida com remédios.

Certa vez, teve cálculos biliares, mas também tomou remédios, até que teve de se submeter a uma pequena intervenção. Logicamente, nunca se formulou perguntas, nem sobre qual poderia ser o sentido destas moléstias. O interessante é que o ser essencial assoma, se manifesta (usando os sintomas físicos), mas o personagem (neste caso sob a forma de quem sempre se acomoda aos desejos alheios) luta e vence.

Podemos viver assim a vida toda. De fato, quase todos nós convivemos com múltiplos sintomas mais ou menos incômodos. Físicos e emocionais. Nervosismo, angústias, desequilíbrios emocionais, obsessões, constipações, enxaquecas, surtos ou cansaços descomunais.

Mas, misteriosamente, em alguns casos, acontece que **nosso ser essencial não está disposto a continuar negociando com o personagem**. Seguindo o exemplo anterior, o eu autêntico desse indivíduo talvez não queira continuar vivendo afastado do seu eu, levando uma vida emprestada, servindo a interesses alheios, estando fora de seu próprio território... Então, aparece uma doença grave para nos salvar, aparentemente repentina. É a voz do nosso eu que nos diz: assim não. Chega.

Estamos desesperados: a pessoa doente e seu entorno. Temos que salvá-la. Toda a indústria médica se lança com uma artilharia pesada para suprimir estes sintomas terríveis. No entanto, é ótimo que o ser essencial tenha dito "chega". Temos que averiguar a que estamos nos negando, se vivemos cegos e distanciados. **O ser essencial sabe. O personagem não sabe**. Esta é a única batalha verdadeira: entre o eu autêntico e o personagem que nos deu amparo para sobreviver ao desamor de nossa infância, mas do qual não precisamos mais.

Por isso, inclusive se estivermos passando por uma doença grave, é indispensável que nos formulemos estas perguntas: quem sou? O que aconteceu na minha infância? O que fiz para sobreviver ao desamor? O que continuo fazendo hoje? Como seria a vida que realmente se adaptaria ao meu próprio ser? Estou disposto a assumi-la? É verdade que quero viver?

A doença grave nos dá uma nova e excelente oportunidade. Brindemos, porque nosso ser essencial não está mais disposto a negociar. Pela primeira vez, somos completamente sinceros conosco.

A escola

O LUGAR AO QUAL NENHUMA CRIANÇA QUER IR

Nos lares onde vivem crianças pequenas, as manhãs podem ser estressantes. As crianças simplesmente não querem ir à escola. Então, me permitam, queridos leitores, formular uma pergunta inconveniente. Porque as mandamos, se não querem ir? Suspeito que a resposta automática dos adultos seja: porque é sua obrigação. Bem, insistirei com perguntas incômodas: quem estabeleceu a obrigatoriedade e qual é o sentido dessa imposição? Neste ponto, nos concedamos a liberdade de pensar mais livremente e sem tantos preconceitos, porque há uma única liberdade: as crianças não querem ir, choram todas as manhãs, às vezes adoecem para atingir seu objetivo, outras vezes se transformam em crianças agressivas ou distantes. Os pais não compreendem por que uma coisa que poderia ser simples se transforma em um pesadelo cotidiano.

O OBJETIVO ORIGINAL DA ESCOLA MODERNA

Sugiro que tentemos pensar no objetivo original que a escola — no formato que conhecemos hoje — teve em seus primórdios. De fato, começou a se massificar durante a revolução industrial — na Inglaterra primeiro e no resto da Europa depois — para atender às necessidades das fábricas que surgiam, fornecendo **mão de obra**

qualificada. Naquele momento, era indispensável que as crianças tivessem conhecimentos mínimos de leitura e escrita, matemática e cultura geral. Mas, sobretudo, a escola era o lugar onde eram **disciplinadas** e igualadas. Isto é importante: nessa época deixaram de ter relevância as aptidões de cada criança, para **padronizá-las** e para que — no futuro — atendessem sob formatos semelhantes aos requerimentos das empresas.

Notemos que nesse momento deixou de ter importância que uma criança fosse filha de um ferreiro, de um agricultor e de um comerciante. Ou seja, a cultura adquirida espontaneamente através dos ancestrais e experimentada por cada criança em sua realidade cotidiana foi perdendo o efeito. As habilidades naturais foram perdendo prestígio e, em troca, o aprendizado escolar foi ganhando relevância.

Embora não abundem registros escritos, sabemos que as escolas inglesas foram as mais rigorosas quanto à repressão e a disciplina imposta por meio de castigos físicos. Por outro lado, quanto mais certas escolas adquiriam reputação por seu nível acadêmico, mais interesse tinham as famílias de que as crianças passassem toda a infância dentro dessas instituições, afastadas de suas famílias, solitárias, violentadas, maltratadas, castigadas, mortificadas, açoitadas e condenadas a não poder manifestar nenhum indício de energia vital em liberdade.

As escolas faziam parte das igrejas; de fato, muitas instituições dependiam financeiramente das várias congregações. Obviamente, durante quase dois séculos, as escolas foram criadas para os meninos (as meninas passaram a ser admitidas muito depois), mas, no meu entender, os maiores estragos eram provocados pela ferrenha disciplina aplicada às crianças, pela obediência como valor inquestionável e pela repressão sexual em qualquer nível. O objetivo era igualar através da obediência e uniformizar ao máximo os pensamentos, eliminando qualquer faísca de individualidade criativa.

AS CRIANÇAS ESCOLARIZADAS NA ATUALIDADE

Passaram-se duzentos anos e, no entanto, as escolas não mudaram muito. A disciplina e o respeito incondicional às autoridades não variaram. A homogeneidade de acordo com a idade continua. A obrigatoriedade quanto ao que todas as crianças devem aprender é a mesma. Mas é ruim que as crianças respeitem seus mestres, aprendam a ler e a escrever e se comportem bem? Não há nada de ruim nem de bom. Simplesmente, proponho que observemos os preços que qualquer criança — ou seja, **qualquer criatura livre, espontânea, inquieta e curiosa** — tem de pagar para reprimir sua espontaneidade natural. Por outro lado, se não desejamos que as crianças se transformem em operários de fábricas, mas — pelo contrário, — temos, hoje em dia, expectativas grandiosas para elas, por que as mandamos a uma escola que ficou obsoleta em suas formas e seus objetivos? Ou ainda: por que as crianças passam mais horas na escola do que em casa?

Neste ponto, encontramos dois caminhos para a reflexão. Em primeiro lugar, trata-se de olhar com olhos bem abertos e críticos a escola que conhecemos hoje. Segundo, imaginar como seria uma escola benéfica e eficiente para as crianças do século XXI, se é que precisamos irremediavelmente de uma escola como ambiente de aprendizado, coisa que valeria a pena considerar.

Comecemos pela primeira questão: a escola que conhecemos hoje. Um exercício interessante seria lembrar se, quando éramos crianças, gostávamos de ir à escola ou não. Talvez recordemos que no ambiente escolar conhecemos aqueles que eram nossos melhores amigos. Essa é uma boa notícia: na escola, há outras crianças. No entanto, aquilo que recordamos com maior alegria se refere às brincadeiras e às trocas amistosas com outras crianças, que fizeram parte da nossa vida cotidiana e com quem compartilhamos as experiências da nossa infância e juventude. Concordaremos que para brincar não precisamos obedecer aos adultos nem estar submetidos a exigências alheias ao biorritmo infantil. Alguns de nós recordamos que tínhamos medo, ou que éramos muito tímidos, ou que não entendíamos o que nos ensinavam, ou que não tínhamos amigos ou que respondíamos milimetricamente às exigências dos mais velhos. Mesmo quando tivemos experiências difíceis na escola, em muitos casos, as normalizamos. Isso significa que a violência e a falta de respeito à nossa realidade infantil se transformaram em algo banal e, portanto, não nos ocorre que as coisas poderiam ter sido diferentes. Se a obediência à autoridade, a repressão de nossas inquietudes e, sobretudo, as restrições aos movimentos culturais e à exploração espontânea nos formataram ao ponto de nos adaptarmos para não sofrer mais, é lógico que hoje — já adultos — não sintamos nenhum incômodo diante do *continuum* de repressão e violência a que são submetidos aqueles que são crianças hoje.

Mais uma vez formulo perguntas incômodas. A escola, tal como a conhecemos hoje, serve para a manifestação das habilidades de cada criança contemporânea? O que as crianças aprendem na escola é relevante? Poderiam aprender de outra maneira ou em outros ambientes? Permitamo-nos interrogar sem medo e sem nos preocuparmos em chegar a conclusões diferentes das esperadas, pois de qualquer maneira as crianças não querem ir à escola, as manhãs se transformam em um suplício para a dinâmica familiar e esse parece ser um alerta interessante a ser levado em conta.

Quero enfatizar uma realidade inquestionável: é excepcional que uma criança afirme que gosta da escola. Muito pelo contrário: as crianças não querem ir. Choram, adoecem, se angustiam... No entanto, acabam na escola. O ponto de partida para nos questionarmos é simplesmente esse: se as crianças manifestam claramente que não querem ir, por que as mandamos todos os dias a esse lugar ao longo de toda a infância e adolescência? Não cansamos de repetir que as crianças são o sol de nossas vidas e que faremos qualquer coisa para que sejam felizes? Estaremos acostumados demais à crueldade e não temos mais consciência do mal que lhes fazemos? Por que dizemos uma coisa e fazemos exatamente o contrário? Será que nos interessa mesmo o bem-estar de nossos filhos?

O QUE APRENDEMOS NA ESCOLA

Com certeza absoluta, aprendemos a nos subjugar. A escola mantém um sistema verticalizado a partir dos diretores, que mandam nos professores que mandam nos alunos. Supõe-se que os adultos têm que educar através do conteúdo de certas matérias. As principais são a leitura, a escrita e a matemática. No entanto, hoje em dia, as crianças minimamente estimuladas em casa podem aprender a ler e a escrever perfeitamente, sem precisar ir à escola. Também são capazes de aprender noções básicas de matemática enquanto brincam e saberão acessar o conhecimento do que existe ao seu redor através dos programas de televisão ou da internet.

É evidente que as crianças têm acesso a um nível de informação que nunca havia sido alcançado. Por outro lado, constatamos que embora as crianças passem o dia inteiro na escola, muitas delas conservam um grande déficit na área da leitura, da escrita e da matemática. Ou seja, aquilo que se supõe que aprendem na escola, às vezes não é tão verdade que aprendam.

As crianças pouco amparadas emocionalmente em casa chegam com menos habilidade para se inter-relacionar com seus companheiros. São as que mais sofrem: as tímidas, as medrosas, as que não se sentem capazes de enfrentar obstáculos — sejam intelectuais ou vinculares —, as que se acham perdidas, julgadas ou diferentes da maioria.

Outras crianças que chegam de lares semelhantes — ou seja, com poucas experiências de amparo e proteção — usam com seus colegas certos recursos de ataque e defesa. O medo existe, mas, quando a criança o relega à sombra, adquire coragem ou ferocidade para lidar com seus colegas.

Por outro lado — dentro do contexto de uma disciplina uniforme —, e está presente a repressão dos desejos individuais, desprezando as aptidões, a curiosidade espontânea e a exploração de que as crianças precisam para aprender. Ou seja, **a repressão atenta contra a aprendizagem**, portanto todo o sistema educativo tal como está estabelecido é um grande despropósito. Não serve para aprender, só serve para dominar e suprimir qualquer indício de criatividade pessoal.

AS DIFICULDADES FAMILIARES NA HORA DE FORÇAR AS CRIANÇAS A IR À ESCOLA

O fato de as crianças não quererem ir à escola está presente em quase todos os lares todas as manhãs durante todo o ciclo escolar. Portanto é curioso que, diante de tal evidência, nós, adultos, não pensemos em fazer algo diferente. A princípio, travamos uma luta contra a criança para conseguir deixá-la na escola, seja chorando, angustiada, desesperada ou resignada. Depois, tratamos de convencer a nós mesmos de que fizemos o correto, já que os professores costumam nos assegurar que a criança "chorou apenas cinco minutos", que só "fez uma cena" e que "depois ficou feliz".

No entanto, se tivesse tido uma experiência feliz, não repetiria o choro comovente na manhã seguinte. A única explicação que encontro para que nós, adultos, minimizemos os gritos das crianças, obrigando-as e forçando-as a ir à escola é que conosco aconteceu a mesma coisa, ou pior. Foi uma experiência péssima. Fomos mandados à escola ao longo de toda nossa infância à base de castigos, ameaças e sanções. Depois passamos a achar normal maltratar as crianças de hoje, supondo que elas têm de aguentar as imposições dos adultos, porque esta é a lei da vida.

O surpreendente é que algumas crianças gritam suas tristezas durante todo o período que frequentam a escola, ou seja, durante toda a infância e adolescência. Isso é muito tempo. Não claudicam. Não se adaptam. Não se resignam. Não se conformam. Continuam gritando aos quatro ventos que não querem ir à escola. Por que não querem ir? Por uma infinidade de motivos, mas, sobretudo, porque naquele ambiente não podem revelar nem a menor porção de seu ser essencial. E isso fere sua alma.

Os adultos também sofremos a cada manhã, quando o começo do dia se transforma em uma guerra doméstica. No entanto, nos persuadimos de que a criança tem que ir à escola e ponto final, e de que não somos suficientemente fortes para dobrá-la. Então, tentamos coagi-la ainda mais até deixá-la de qualquer maneira no estabelecimento escolar. Assim acreditamos que vencemos essa insignificante batalha que se prolonga até a manhã seguinte, e volta a começar.

Algumas crianças de vez em quando adoecem, conseguindo faltar por alguns dias; no entanto, como as gripes e os resfriados não duram para sempre, em algum momento a volta à rotina escolar se concretizará. Simplesmente quero enfatizar que, se as crianças não querem ir à escola, o mínimo que podemos fazer é perceber esse chamado abrindo o coração e a mente para pensarmos juntos o que significa e o que podemos fazer pelas crianças, recordando que são as crianças que vão nos levar de volta a um sistema ecológico e harmonioso. Para isso, precisamos com urgência organizar uma **civilização centrada na criança**.

ESCOLARIZAÇÃO PRECOCE

A escola foi idealizada para ensinar as crianças a ler, a escrever e a organizar conceitos teóricos a partir dos 6, 7 anos de idade. De acordo com a biologia do ser humano, começar aos sete anos seria mais adequado, pois coincidiria com a segunda dentição, o que também podemos chamar de segunda infância. Até há uns cinquenta anos, essa era a idade frequente para começar a ir à escola.

O que aconteceu? Nós, mulheres, começamos massivamente a trabalhar e, por não ficarmos em casa, fomos precisando que as crianças fossem cuidadas por alguém. A pressão das famílias exigiu que as portas dos jardins de infância fossem abertas. No início, para crianças de 4 e 5 anos. Em certos países, surgiram excelentes projetos pedagógicos relacionados com a criatividade, a brincadeira, a destreza física e a socialização.

Mas à medida que a necessidade de que as crianças permanecessem aos cuidados de alguém foi aumentando, as famílias foram pressionando as instituições educacionais a admitirem crianças de 3, 2 anos, de 1 ano e até bebês. É claro que nenhum bebê pede para ir à escola. E que a primeira infância deveria ser o período da vida em que brincamos o tempo todo. Mas a instituição escolar é um lugar aonde vamos para estudar e não para brincar. Dedicarei uma ampla reflexão sobre esta problemática no próximo capítulo.

EPIDEMIA DE MEDICAÇÃO NAS ESCOLAS PARA CONSEGUIR QUE AS CRIANÇAS FIQUEM QUIETAS

O despropósito que organizamos é evidente: as crianças precisam estar conectadas intimamente com suas mães, mas as mães estão fugindo de seus próprios monstros internos, portanto não podem atendê-las no plano emocional; mas, pelo menos, se ocupam operacionalmente delas. A mãe — e o pai, quando há um em casa — resolve as coisas mais ou menos como a maioria das pessoas que ela conhece faz. Em quase todas as famílias, quando as mães trabalham, as crianças pequenas passam o dia em uma creche para que se ocupe adequadamente delas. Choram o ano inteiro. Depois outro ano e mais outro. Finalmente chegam à idade adequada para começar a escola primária.

Na escola primária as coisas pioram, porque já não há tempo para brincar e são obrigadas a ficar quietas a maior parte do tempo. O recreio é curto. Seus corpos entram em movimento sem que os possam parar. Não compreendem nada do que acontece ao redor. Sentem-se sozinhas e cansadas. Sentem saudades da mãe. Brigam com algumas crianças. Não se interessam pelo que está escrito no quadro-negro. Quando voltam para casa à tarde, há tensão, brigas, castigos e irritação. As mães costumam estar com pressa e de mau humor. Acontecem coisas em casa que não conseguem compreender. Estão presas em uma vida infeliz. Os adultos lhes permitem brincar por alguns momentos com os dispositivos eletrônicos e outras vezes proíbem. Às vezes, quando adoecem, podem ver televisão o dia todo ou jogar com os celulares o quanto quiserem. Estão entediadas. Nenhuma atividade as entusiasma. Ganham brinquedos, mas não querem brincar sozinhas. Se mexem. Incomodam seus irmãos. Interrompem seus pais. Fazem birra no supermercado, cansadas de esperar. Batem a cabeça contra a parede. Quebram seu brinquedo favorito. Choram e chutam quando são acordadas para ir à escola. Incomodam outras crianças no transporte escolar. Não escutam o professor, porque estão conversando com outras crianças. Estão com a cabeça em outro lugar. São obrigadas a ler um texto dez vezes e depois não se lembram nem da metade.

Por muito menos do que isso, as mães levam a criança ao consultório de um pediatra ou de um psicólogo infantil; mas, como não há grandes resultados — no sentido de que a criança não melhora seu suposto mau comportamento — e os professores não conseguem mais tolerar sua presença na sala de aula, aparece a fórmula mágica: a **Ritalina**.

A já célebre Ritalina (metilfenidato) é usada para controlar os sintomas do transtorno do déficit de atenção com hiperatividade, ou seja, é para crianças que tenham dificuldade de se concentrar, ficar paradas ou em silêncio.

Suponhamos que este suposto transtorno não existe como tal e que, na verdade, as crianças estão desesperadas, manifestando algo que é verdadeiro em seu interior e que ninguém está disposto a levar em conta. Este remédio funciona para os pais e os professores, mas não serve para as crianças. A prescrição deste medicamento se espalhou em muitos países ocidentais, mantendo as crianças em uma onda de dependência química legal generalizada.

Uma vez que as crianças são diagnosticadas — insisto, com um diagnóstico falso —, os pais e os professores respiram aliviados. Existe um remédio. Já não precisam compreender nem acompanhar a criança, não precisam dar carinho nem ficar com ela, só têm que tratá-la com o remédio adequado.

O sucesso comercial da Ritalina é surpreendente, pois se trata de um fármaco perigoso. Tomar mais do que a dose indicada pode provocar vômitos, alucinações e convulsões. Inclusive tem efeitos colaterais, como a falta de apetite, problemas para dormir, tiques nervosos, náuseas, ansiedade, tensão e nervosismo. Surpreendentemente, a revista internacional de divulgação científica *New Scientist* reconhece que a Ritalina "acalma as crianças hiperativas e torna mais fácil o trato com elas", mas no mesmo editorial adverte que "não há nenhuma prova de que melhore seu rendimento escolar". Não existem estudos que tenham detectado alguma melhora na escola nem na capacidade de se relacionar socialmente por parte das crianças tratadas com Ritalina. Então, para que os pais recorrem a esse remédio? Para acalmar a si mesmos. Para tirar um problema das costas. Para não se responsabilizar. Para ficar mais confortáveis. De fato, conseguem que as crianças obedeçam mais e cumpram com suas tarefas chatas. A única coisa que os pais querem é que as crianças não os incomodem.

O mais grave sobre o assunto é que a moda de receitar Ritalina entrou com força nas escolas: se admitirmos que é usada para tratar uma doença, estaremos abrindo caminho para a política de drogar sistematicamente todas as crianças rebeldes. Os psicólogos e médicos são cúmplices dos pais ao declarar uma guerra química às crianças. É impressionante constatar como aceitamos ser manipulados. É compreensível que nós, mães, estejamos exaustas, mas, ao supor que nosso filho está doente, nos isentamos de qualquer responsabilidade sobre o vínculo afetivo com ele. É fácil dopar nossos filhos e deixá-los entorpecidos.

Essa questão é gravíssima, sobretudo porque entrou na consciência coletiva como algo corriqueiro, supérfluo e habitual. As escolas conseguem funcionar sem ter que se preocupar com a realidade emocional de cada criança, pois ela está domada, idiotizada e mansa. Se não percebermos o despropósito e o desastre ecológico que estamos contribuindo para instaurar, o futuro da humanidade será sombrio. Precisamos urgentemente rever nossas inabilidades afetivas, fazer ressurgir nossas aptidões amorosas e altruístas e apoiar nossos professores para que consigam se aproximar de cada criança com propostas educacionais modernas e sensatas. Atrevamo-nos, antes que seja tarde demais.

AS CRIANÇAS SABEM PERFEITAMENTE O QUE PRECISAM

Abordemos então outra questão: seríamos capazes de construir uma escola que as crianças frequentassem com felicidade? Como seria uma escola assim? Podemos imaginá-la?

Se não podemos sonhá-la, talvez possamos perguntar às crianças o que gostariam de fazer. As crianças sabem perfeitamente o que precisam e, além disso, mantêm a força vital que as leva sempre a querer descobrir mais, saber mais, atingir metas mais distantes. Esse anseio por explorar mais além do nosso entorno está gravado no desenho original dos seres humanos. Quando as crianças estão apáticas ou desinteressadas por certos assuntos, é porque isso que pretendemos lhes ensinar não tem nenhum sentido para elas.

Obviamente as crianças menores de quatorze anos gostariam de brincar quase o tempo todo. Isso é fantástico! Teríamos garantida uma escola fenomenal; as crianças aprendem brincando, tanto como os adultos aprendem o que for no intercâmbio social ou afetivo com outros indivíduos. Observamos as crianças quando vão a um clube ao qual gostam de ir. Ficam eufóricas ao encontrar os amigos e praticar atividades que os cativam. Nesse caso, colocam toda a capacidade e o comprometimento para serem as melhores, seja no esporte ou na atividade que escolheram. Em alguns casos, se transformarão em guias ou líderes, do ponto de vista de outras crianças, pelo ímpeto e entusiasmo que dedicarão em seus próprios domínios.

O temor que nós, adultos, compartilhamos é o de que, se as crianças brincarem o tempo todo, jamais aprenderão matemática ou geografia. Pois bem, até que façamos o teste, não estaremos seguros. Por enquanto, sabemos que as crianças que frequentaram escolas repressoras também não aprenderam nem matemática nem geografia. Sem ir mais longe, quantos de nós somos capazes de resolver uma raiz quadrada? E quantos de nós sabemos qual é a capital da Guiana Francesa?

Obviamente, este não é um convite à ignorância. Pelo contrário. É um chamado para que pensemos com mais autonomia. Contudo, é provável que os adultos precisem das crianças para levá-los pela mão a caminhos mais abertos, mais livres e mais autênticos. Nós já estamos inundados de medos, preconceitos e experiências traumáticas. Já as crianças ainda são puras e inocentes, e respondem ao desenho sob o qual foram criadas. Uma escola feliz com crianças felizes não apenas vai permitir uma manifestação extraordinária de cada criança, como, além disso, vai nos redimir de todo sofrimento passado.

Despropósitos escolares

TURMAS DE CRECHES E TURMAS DE JARDIM DE INFÂNCIA

Quando surgiram os primeiros jardins de infância para crianças de 4 e 5 anos, eles chegaram cheios de projetos pedagógicos inovadores, baseados na liberdade, na criatividade e na expressão das crianças pequenas. Rapidamente se tornaram um ensaio amável e divertido para o início da escolarização propriamente dita. Os melhores resultados — entendidos conforme o nível de alegria das crianças e não segundo o nível de aprendizagem — aconteceram em pequenos jardins de infância autônomos, ou seja, que não dependiam das escolas de ensino fundamental nem tinham expectativas relativas à aprendizagem. Eram espaços sociais onde era possível fazer amizades, aprender a compartilhar e, sobretudo, explorar, descobrir e brincar com outras crianças.

Este sucesso foi alcançado por algumas escolas particulares de ensino fundamental, quando entenderam que estavam em condições de captar clientes desde mais cedo. Embora o interesse e a filosofia da instituição estivessem focados na aprendizagem, foram agregando turmas de jardins de infância para ter um público cativo, com a desvantagem de replicar programas educativos para as crianças menores. Ou seja, os conceitos de estudo que podiam ser adequados para crianças maiores de 7 anos agora seriam aplicados precocemente.

Ao mesmo tempo coexistiam outros espaços, como salas de cuidados para bebês e crianças de até 3 anos, tanto em instituições públicas como privadas. Foram denominados de diferentes maneiras, de acordo com as regiões, mas a palavra "berçário" foi a mais usada, e também "casa berço" e "casa ninho". O objetivo desses lugares era dar atenção, abrigo, cuidados e alimentos aos bebês e crianças pequenas, enquanto seus pais trabalhavam. Não havia a pretensão de instruir nem de capacitar as crianças, mas apenas — com maior ou menor qualidade — dar amparo e proteção.

No entanto, como consequência do êxodo em massa das crianças para as instituições escolares e a enfática solicitação das famílias, estas antigas casas de cuidado foram desaparecendo, enquanto as escolas foram assumindo o cuidado de crianças cada vez menores.

Ora, a partir de que idade um bebê deixa de ser bebê e passa a ser uma criança em condições de ser escolarizada? Claro que não há uma fronteira exata entre uma condição e outra, mas podemos afirmar, sim, que os bebês são aqueles que ainda não estão separados emocionalmente, que não percebem a si mesmos como seres autônomos em termos afetivos. Apenas por volta dos 3 anos, quando já estarão conseguindo lidar com a linguagem verbal com desenvoltura, darão início às primeiras experiências de separação emocional. Até esse momento, as crianças e as mães são a mesma coisa. Portanto, tudo que os bebês precisam é a companhia, a presença, a disponibilidade e a percepção amorosa de suas mães ou de quem exerce este papel. Qualquer distância, separação ou afastamento os fará sofrer.

Mas o que acontece quando nossa mãe tem que trabalhar? Do nosso ponto de vista, precisaremos de alguém que a substitua com uma qualidade similar de **presença fusional**. Esta substituição poderá ser feita por qualquer pessoa que tenha a intenção de permanecer fundida conosco durante essa etapa da infância, percebendo e sentindo nossas necessidades e tentando nos satisfazer. Esse toque sutil de satisfação fusional não pode ser realizado por uma instituição, porque nela há poucos adultos para cuidar de muitas crianças. Operacionalmente poderão cuidar, alimentar e nos observar, mas não poderão entrar em fusão conosco, porque essa entrega acontece de um para um.

Por outro lado, em uma instituição escolar se perde a noção do cuidado que substitui o da mãe, transformando-se no espaço no qual achamos que a criança tem de aprender alguma coisa. De fato, há programas, disciplinas a cumprir e toda a burocracia que isso implica.

Com a linguagem verbal já estabelecida, começa a fase da primeira infância, quando a criança está em condições de **brincar**. A **brincadeira** é o maior organizador da vida da criança. As crianças deveriam poder brincar o tempo todo com o aval, a companhia, a compreensão e o amparo dos adultos. Durante esta etapa, elas adoram passar algumas horas brincando com outras crianças sob o cuidado e a proteção de adultos atentos e carinhosos. Mas, lamentavelmente, os jardins de infância, organizados como se fossem escolas, foram se transformando em um lugar com regras a cumprir, metas educacionais, aulas e programas definidos de acordo com a idade. A consequência é evidente: **não há tempo para brincar**. Na atualidade, os adultos supõem que se as crianças passam muito tempo na escola, pelo menos deveriam fazer alguma coisa útil, por exemplo, aprender inglês, língua que supostamente lhes servirá para a vida profissional futura, segundo os equivocados discursos habituais. No entanto, as crianças só querem brincar, sob o olhar atento dos adultos.

As creches e os jardins de infância perderam a identidade e o objetivo para os quais foram criados, ou seja, para substituir os pais que trabalham, oferecendo às crianças a possibilidade de conviver regularmente com outras crianças. Não é ruim que existam ambientes nos quais as crianças possam se relacionar, brincar, se divertir e ser amparadas como se estivessem em suas próprias famílias. O obstáculo surge quando os adultos tentam alcançar objetivos nem sempre razoáveis. Qual é a conclusão? Que diante destas intenções absurdas, as crianças pequenas choram e adoecem com frequência. Depois os pais culpam os vírus que circulam nos jardins de infância. É verdade que há vírus por todos os lados — inclusive nos seus lares —, mas as pessoas só adoecem quando precisam manifestar um desequilíbrio interno. A questão é que inventamos um enorme mal-entendido. O resultado é que as crianças agora vão à escola desde muito pequenas, enquanto lhes roubam o maior tesouro que têm: a capacidade de brincar com sua incomensurável fantasia, além de pôr em prática sua aptidão para continuar se comunicando com os mundos sutis, aqueles que os adultos já não sentem nem veem.

A REALIDADE EMOCIONAL DE BEBÊS E CRIANÇAS PEQUENAS

Os bebês continuam sendo bebês, independentemente do que fizerem suas mães ou as pessoas responsáveis por cuidar deles. Ou seja, os bebês precisam de um nível de presença, percepção e contato físico tão intenso que a substituição afetiva — caso suas mães tenham que se ausentar — teria que acontecer em um contexto de intimidade e dedicação similares. Obviamente, a presença física da mãe não garante sua presença fusional, portanto as crianças geralmente estão abandonadas, mesmo quando isto não é evidente.

Por sua vez, os adultos podem implementar sistemas que atendam às suas expectativas, tomando decisões relativas ao cuidado de seus filhos pequenos. O problema é que temos que observar o preço que os bebês pagam. Alguns se adaptam, porque compreenderam que não vale a pena insistir com suas reclamações. Outros bebês não estão dispostos a se adaptar a ritmos, solidões ou distâncias afetivas que os machucam, então expressam seu inconformismo. Na verdade, a única coisa que está em jogo é o desenho original do ser humano em relação aos requisitos básicos das criaturas *versus* o conforto dos adultos. Quero demonstrar que a luta pelo poder está presente desde o berço, perpetuando a estrutura de dominação sobre o mais fraco. Cada uma destas decisões terá consequências sobre as próximas gerações.

O ponto de partida tem que ser a compreensão global da realidade física e afetiva das crianças pequenas. Podemos pensar em alternativas para cuidar delas e protegê-las se temos que trabalhar ou se não suportamos viver tão atentas a elas? Claro que sim, há muitas alternativas viáveis, desde que não atentem contra suas necessidades básicas, ou seja, que não as deixem vulneráveis ou as machuquem. A prioridade — se pretendemos construir um mundo gentil e solidário — é o **conforto dos nossos filhos**. E para isso é indispensável que coloquemos nossa inteligência e nossa criatividade a serviço daqueles que dependem de nós.

Como podemos saber o que é o melhor para cada criança? Observando e respondendo milimetricamente ao que cada criança pede, suplica, expressa ou manifesta. É claro que nenhuma criança com menos de 7 anos reclama por estar sem sua mãe.

QUEIXAS ENTRE PROFESSORES E PAIS

É uma realidade incontestável que as crianças pequenas passam por maus momentos na escola. O mal-estar das crianças recai sobre os adultos, gerando inconformismo e discórdia. Por isso, é normal que os pais se queixem da falta de profissionalismo dos professores e os professores se queixem da incompetência dos pais. Qual é o problema? Que as crianças permaneçam como reféns de disputas sem solução.

Do ponto de vista dos professores, é verdade que as crianças chegam à escola com suas necessidades básicas insatisfeitas, sem se sentir seguras nem amparadas na medida necessária. Na maioria das vezes, ainda estão reclamando um fluxo de disponibilidade emocional que não obtiveram em casa, portanto manifestarão na escola todas essas carências.

Nessas circunstâncias, nós, professores, somos prisioneiros de realidades que não conhecemos e que não nos compete resolver. Temos na sala de aula uma criança-sintoma. Mas não conhecemos as origens que provocam as reações da criança. Outras vezes, as crianças — simplesmente — são muito pequenas para ficar longe de casa e seu sofrimento acabaria se pudessem ser abraçadas e amparadas em seu próprio lar. Pedimos aos pais que cuidem das crianças que ainda não têm maturidade afetiva suficiente para tolerar a permanência na escola; no entanto, os pais se fazem de surdos.

Do ponto de vista dos pais, às vezes, esperam encontrar na figura do professor um lugar de escuta ou compreensão, sobretudo se o vínculo cotidiano com seus filhos é preocupante. Em outras ocasiões, simplesmente passam por períodos de dificuldades financeiras, problemas familiares ou solidão e supõem que o docente terá formação profissional suficiente para poder ajudá-los. E, logicamente, esperam que as crianças aprendam na escola e sejam protegidas e compreendidas pelos professores. No entanto, acontece que os educadores não conseguem assumir esse papel. E mais: nem sequer desfrutam do seu trabalho, se mantêm afetivamente distantes das crianças que lhes permite ser eficazes para instrui-las, mas incapazes de estabelecer vínculos. Em certas ocasiões, são autoritários e se sentem mais confortáveis fazendo com que as regras sejam cumpridas do que averiguando o que acontece com cada criança. Obviamente, as crianças são reféns de adultos insensíveis ou ignorantes, sejam pais ou professores.

O que acontece é que os adultos esperam que alguém se encarregue das crianças, quando nem uns nem outros assumem com maturidade e responsabilidade o amparo de que as crianças precisam.

A ESCOLA É O LUGAR ONDE AS CRIANÇAS APRENDEM A LER E ESCREVER?

Atualmente, a pergunta mais honesta é se é necessário ir à escola para aprender a ler e escrever. E, mais concretamente, se é indispensável permanecer nela durante tanto tempo. Talvez concordemos que as crianças funcionam com estímulos: se, no entorno imediato, o fato de ler e escrever lhes dá acesso às trocas nas relações, é óbvio que as crianças farão esforços para aprender os códigos que circulam e com os quais conseguirão fazer parte da comunidade. Os cartazes nas ruas, as placas, a publicidade na televisão, a informação, as notícias, os interesses infantis e uma parte importante das brincadeiras podem estar ao seu alcance, se aprenderem a ler e escrever. As crianças — interessadas e observadoras — vão aprendendo espontaneamente a ler e a escrever. Inclusive, a somar, subtrair e fazer cálculos mentais. Na medida em que essas habilidades lhes permitam acessar instâncias de interesse pessoal, serão facilmente adotadas.

Ou seja, se não fossem à escola, as crianças poderiam aprender não apenas a ler, escrever, somar e subtrair, mas, além disso, teriam mais desenvolvida sua própria liberdade para explorar, procurar, investigar, perguntar e se entusiasmar com as manifestações do mundo que as cerca. Por outro lado, não acabariam o dia exaustas depois de passar intermináveis horas em uma escola caduca e imprestável;

portanto, lhes sobraria força física e excitação para indagar a respeito de inúmeras temáticas ligadas a sua própria realidade cotidiana.

Reconheçamos que muitas crianças vão durante toda a infância à escola e, no entanto, não conseguem ler interpretando os textos, nem escrever sem erros de ortografia. Algo está errado.

É a nossa inteligência? Não, o que está errado é a ignorância que todos mantemos a respeito do que significa ser criança. Não sabemos. Portanto, é imprescindível sabermos que as crianças são pessoas que — à medida que obtiverem um nível suficiente de conforto emocional — explorarão com entusiasmo e espontaneidade aquilo que as rodeia. O que irão procurar? Tudo o que esteja um pouco além do seu alcance. Como o farão? Em movimento. Sim, as crianças se movimentam. Portanto, qualquer pretensão de que fiquem quietas — objetivo habitual da escola — é um despropósito e um atentando contra seu desenho original. Se a escola fere sua natureza, dificilmente poderão brotar em seu âmago as inquietações, suas descobertas e os tesouros que cada uma carrega consigo.

Quero dizer que as crianças podem aprender qualquer coisa se forem estimuladas, se estiverem confortáveis, se forem cuidadas e compreendidas. Do contrário, não podem adquirir conhecimentos que estejam em franca contradição com sua realidade emocional, porque não têm sentido para elas. Se a escola não for um lugar acolhedor nem aconchegante, se elas só desejarem voltar para casa, se estiverem se sentindo sozinhas e angustiadas, nenhum aprendizado será viável.

A ESCOLA COMO PRISÃO

Alguns edifícios, onde funcionam escolas, parecem presídios. Acontece que foram construídos sob conceitos semelhantes. Contam com enormes claustros, grades nas janelas, pátios lúgubres, carteiras alinhadas rigorosamente, salas de aulas com crianças separadas por faixa de idade e — até mesmo em nossos dias — algumas escolas só aceitam meninos e outras, só meninas.

Depois de entrar na escola, as crianças não podem sair mais, até que o sinal toque. Há horários em que todas as crianças estudam, horários em que todas as crianças podem ir ao banheiro, horários em que devem ficar em silêncio, horários para comer, horários para o recreio.

Está rigidamente estabelecido o que é permitido e o que é proibido. E as regras são cumpridas igualmente por todas as crianças, sem que se leve em conta a idade, os interesses pessoais, as capacidades, os gostos, as curiosidades, as vontades ou as realidades familiares. Os adultos decidem, as crianças obedecem. A disciplina é a chave mestra do funcionamento sem fissuras.

Todas as crianças sofrem até a hora de ir embora. A maioria passa o dia inteiro na escola e, quando volta para casa, já estão cansadas demais para brincar, se dedicar aos próprios interesses ou se divertir. Este é um ponto central: para que possam descobrir o que lhes interessa, as crianças precisam de disponibilidade de tempo. Tempo para experimentar, brincar, fazer exercícios, conhecer, trocar, voltar a experimentar, ensaiar e desenvolver inúmeras atividades até encontrar o que se encaixa com seu ser essencial.

Não confundamos com a sobrecarga de ocupações extracurriculares com a qual qualquer criança lida, sustenta, pois o exagero de atividades também pode se transformar em uma prisão, sobretudo se as crianças continuarem atendendo às exigências da família. Justamente, fazer o que alguém manda sem se queixar é o que as pessoas fazem quando estão cumprindo pena em uma prisão.

De fato, os castigos são um recurso onipresente no sistema escolar. Quando as crianças não cumprem suas supostas obrigações, são castigadas. Quando não estudam como lhes foi exigido, recebem uma nota baixa, indicando que não são qualificadas, ou são castigadas, proibidas de brincar no recreio ou redobrando o estudo de uma matéria que não lhes interessa nem um pouco e que não tem nenhum ponto de contato com sua vida cotidiana.

Estamos tão acostumados a supor que as crianças sempre têm que obedecer, respondendo àquilo que os professores querem, que não percebemos o horror da submissão nem os preços que pagarão ao longo de sua vida futura. As crianças são obrigadas a decorar os inúmeros temas que não têm nada a ver com elas, que nunca voltarão a usar em sua vida e que, mesmo sob repressão e ameaças, não adquirem nenhum sentido. No entanto, no ambiente escolar, parece inadmissível que se recusem a aprender, mesmo que seja decorado, o texto que o professor as obriga a estudar.

Se nos dedicássemos pacientemente a examinar as similaridades entre a disciplina carcerária e a disciplina escolar, as semelhanças nos deixariam surpresos. A pergunta que deveríamos nos fazer é: como chegamos aqui? Quando implementamos esse sistema? A quem ele serve? Por que não estamos dispostos a desmontar tamanhos disparates? Por que achamos mais simples fazer pouco caso das reclamações das crianças ao invés de observar com honestidade as calamidades que perpetuamos, entregando nossos filhos a sistemas escolares obsoletos e arcaicos com o único objetivo de submeter e dominar aqueles que ainda estão em contato com sua natureza, as crianças pequenas?

ATREVER-NOS A PENSAR COM AUTONOMIA

Com frequência, surge o medo. Como não vou mandar meu filho à escola? Não quero que seja analfabeto. A escola é obrigatória. Tem que aprender para ganhar a vida quando for adulto.

Há duas gerações, se não fossemos à escola, provavelmente ficaríamos com menos recursos para conseguir um bom trabalho quando adultos. Mas essa — a partir da globalização e do alcance da internet — é uma afirmação obsoleta. A tecnologia e o acesso à informação, através do Google ou da Wikipédia, estão mudando a uma velocidade tal que nós, adultos, vamos ficando para trás, virando analfabetos digitais, enquanto as crianças aprendem as ferramentas de hoje com uma facilidade que nos exaspera. Quantos de nós pedimos ajuda aos nossos filhos e nossos netos para resolver problemas simples com nossos dispositivos eletrônicos, que nos parecem complicados, enquanto as crianças e os jovens nos observam com pena quando entramos em pânico diante de um botão ou de um aplicativo que não soubemos acionar.

Nos parece evidente que a escola de hoje está cem anos atrasada, enquanto o mundo profissional, os meios de comunicação, os meios de transporte, as empresas e o comércio internacional deram um salto quântico. As crianças nascidas no século XXI estão recebendo uma educação semelhante à de seus avós, enquanto o mundo muda com incrível velocidade. De fato, a educação deveria ter um caráter premonitório, se é verdade que busca preparar as crianças para o futuro que viverão.

Honestamente, a escola, tal como está concebida hoje, não serve para quase nada, salvo para que as crianças encontrem outras crianças e tenham amigos. Paradoxalmente, elas também conseguiriam isso em um clube ou em uma praça, sem necessidade de se aborrecerem nem de estarem submetidas a estudos entediantes.

Hoje a troca de informações acontece através de imagens, no Facebook, no Twitter, no Instagram, nos games ou em qualquer tipo de plataforma digital na internet, que vão se adequando com rapidez e estimulando o interesse com conceitos radicalmente diferentes dos usados no passado. A maioria dos professores não entende a maneira como as crianças e os jovens aprendem, mais conectados com sua própria sensorialidade do que com a linearidade do quadro-negro. É pouco o que um mestre pode transmitir a uma criança. De fato, a informação é algo que as crianças encontram com facilidade na internet por conta própria. Na atualidade, a verdadeira função de um professor seria apoiar cada aluno para investigar mais a fundo aquilo pelo que tem curiosidade.

Outro fracasso da escola está na suposição de que todas as crianças têm que ter os mesmos interesses no mesmo momento. Esse despropósito nos leva a um inegável desastre. Precisamos modificar completamente o próprio conceito de escola, na qual um adulto ensina e uma criança aprende, porque isso já perdeu qualquer sentido. Hoje os adultos não têm a velocidade necessária para lidar bem com a hiperconectividade, e isso os afasta dos novos sistemas de aprendizagem dos jovens.

Outro obstáculo substancial é que não ocorre aos professores ensinar de uma maneira diferente daquela como eles mesmos foram ensinados. Da mesma maneira, os pais não sabem se vincular com seus filhos a não ser através da obediência, da disciplina, do menosprezo, da violência ou da repressão com que foram criados. Justamente, trata-se de imaginar outros modelos, compatíveis com aquilo que as crianças reclamam com lucidez e precisão. Claro que não é confortável imaginar alternativas sem ter referências próximas; no entanto, já é tempo de se livrarem de sistemas obsoletos e se atreverem a voar, por uma única razão: as crianças sofrem na escola.

O uso em massa da internet mudou a lógica e o acesso ao conteúdo acadêmico. Hoje existe muito material de altíssima qualidade na rede, inclusive é possível fazer cursos nas melhores universidades do mundo sem sair de casa. Agora o papel do professor seria o de articular as fontes, as pesquisas e o pensamento para que as crianças pudessem pensar com autonomia e decidir se aquela informação tem lógica, é verossímil, é útil ou se precisam descartá-la. É ridículo perder tempo na escola para procurar informações; isso se resolve facilmente em casa.

O interessante seria ter professores disponíveis para discutir, formular problemas ou novos desafios para compartilhar ou pensar. Desta maneira, as crianças resolveriam as dúvidas em seu ritmo, de acordo com seus próprios interesses, se contagiando mutuamente de alegria pela exploração e pelo conhecimento. A escola seria, então, o lugar ideal para intercambiar experiências e ideias, criar amizades, transmitir entusiasmo e descobrir mundos novos. Infelizmente, hoje não há tempo para isso, temos tarefas inúteis demais para copiar do quadro-negro.

Outro conceito arcaico é presumir que é necessário ficar em silêncio para se concentrar. Pelo contrário, quando as crianças brincam e se relacionam entre elas, aprendem muito mais. A repressão dos sentidos e a quietude atentam contra o interesse por aquilo que nos cerca. Tudo isso é facilmente demonstrável: basta entrar em qualquer sala de aula de qualquer escola de qualquer região. Constataremos que o tédio e a falta de estímulos é moeda corrente e que a criatividade brilha por sua ausência. Como vamos esperar que jovens criativos cheguem às empresas — demanda habitual nos anúncios de emprego — se preparamos as crianças e os jovens para o contrário? É imprescindível procurar novas formas, embora tenhamos que imaginar escolas que não tenham nada a ver com as escolas que conhecemos hoje.

De fato, no mundo dos negócios é conhecida a frase: "O importante não é saber, mas saber quem sabe." Esta mesma reflexão vale para a escola, onde a função do professor seria a de incentivar a curiosidade dos alunos, contagiando-os a procurar novas questões e a ter critérios pessoais para discernir a informação boa da não tão boa.

Se os professores mostrassem como exercem a solidariedade real, a afetividade, o interesse genuíno pelo outro, a paciência quando algo não sai como esperavam; se aguçassem a percepção, transmitissem alegria, nomeassem com palavras sensatas os estados emocionais, propusessem viagens e incentivassem a ajuda mútua, então valeria a pena ir à escola. As crianças e os jovens iriam até mesmo quando estivessem doentes, porque não iriam querer perder a oportunidade. Acontece que temos de imaginar primeiro e implementar depois uma escola sensata, lógica, sábia e alinhada com a nossa natureza.

Uma escola feliz para crianças felizes

O QUE AS CRIANÇAS TÊM QUE FAZER? BRINCAR

As crianças só têm que brincar. Há muito pouco tempo — em termos históricos — as crianças pararam de brincar, porque, supostamente, deveriam aprender a ler e escrever. Uma vez que adquiriram essa destreza, há algo mais para aprender? Acontece que quase todos os aprendizados funcionam se brincamos.

As crianças aprendem por **imitação**, ou seja, **brincam** que já são grandes. De fato, adquirem a linguagem verbal falada pelos adultos que as criam. Se falam dois ou três idiomas, também os aprendem com facilidade. Se a mãe limpa, aprendem a limpar. Se a mãe vive atenta ao celular, aprendem a acionar todas as teclas. Se a mãe dá de mamar ao seu irmãozinho, amamentam uma boneca. Se vivem no campo e os adultos trabalham com ferramentas, aprendem a manejá-las. Se os adultos são carpinteiros, será muito fácil aprender esse ofício assim que tiverem habilidade motora. Se são comerciantes, brincarão no meio da mercadoria e aprenderão o ofício sem perceber.

Nas grandes cidades, os adultos trabalham longe de casa e, com frequência, as crianças não têm acesso cotidiano à sua atividade. No entanto, podem imitá-los quando estão em casa. As tarefas de limpeza do lar (sei que estão muito desprestigiadas por séculos de submissão das mulheres, tendo a própria casa transformada em sua prisão), se as compartilhamos com as crianças, as deixarão encantadas por varrer com ímpeto e lavar pratos em cima de um banquinho para alcançar a pia. Acontece que os afazeres domésticos viraram um símbolo da opressão, por isso os adultos — em particular as mulheres — fogem dessas obrigações. No entanto, caso se dessem a oportunidade de considerá-las como momentos de lazer para compartilhá-las com as crianças, não apenas seriam toleráveis, mas as crianças aprenderiam desde muito pequenas habilidades que depois lhes serviriam para outras aptidões: equilíbrio, cálculo, destreza física, organização mental, hierarquias, tomadas de decisões etc.

Entendo que, se uma criança só aprender a limpar, não conseguirá ser advogado ou engenheiro. Só quero demonstrar que as crianças aprendem o que for por imitação. E que a escola, tal como a conhecemos hoje, é um lugar vazio de experiências concretas, portanto pouco adequado para o aprendizado daqueles que passam o dia inteiro ali.

Se as crianças brincassem o tempo todo, poderiam expandir sua fantasia e o entusiasmo para explorar além de seu entorno imediato.

É POSSÍVEL IMAGINAR UMA ESCOLA FELIZ?

Podemos imaginar uma escola à qual as crianças nunca quisessem faltar? À qual gostariam de ir mesmo quando estivessem doentes? Como seria uma escola assim? Penso que seria uma escola parecida com algo onde as coisas funcionam, quando as crianças não querem sair do lugar onde estão se divertindo muito. Por exemplo? A casa dos primos, com os quais estão brincando e — embora seja a hora de voltar para casa — não estão dispostas a abandonar a brincadeira iniciada que querem continuar. Ou o clube onde têm um grupo de amigos com os quais fazem atividades recreativas, mas, sobretudo, onde se sentem protegidas pela força do grupo com experiências excitantes e divertidas. As crianças são curiosas, aprendem — como todos os mamíferos — através das brincadeiras e da observação.

Por que não poderíamos imaginar que a escola fosse um clube? Ou um tipo de clube? O clube-escola é um lugar com portas abertas, sem horário para entrar nem sair. Apenas um adulto atento a quem entra e quem sai. Crianças de todas as idades circulando, como acontece em todos os lugares: nas famílias, nas ruas, nas cidades ou vilarejos. Suponhamos que este clube-escola recebesse crianças entre os 7 e os 14 anos de idade (segunda infância).

Não haveria divisões por idade. Uma criança de 8 e outra de 11 anos poderiam estar ambas interessadas em cuidar da horta. Inclusive seria possível que a criança de 8 anos ensinasse botânica a de 11. São amigas? Talvez. Ou talvez simplesmente estivessem se entusiasmando mutuamente e se enlameando, e tirando as ervas daninhas que impedem o desenvolvimento das hortaliças.

Há um grupo de crianças brincando de amarelinha. Outro grupo de crianças em cima de uma grande árvore no meio do jardim. Em um canto, há duas crianças almoçando, embora sejam 9h. Outro grupo de crianças jogando futebol. Em outro lugar, várias crianças brincam dentro de uma casinha de madeira. Outro grupo está varrendo as folhas do outono. Diversas crianças correm, sem ter nenhuma brincadeira organizada. Algumas conversam com os anjos, embora pareçam distraídas, observando o céu. Não há gritos nem brigas. Cada criança parece estar em harmonia no aqui e agora.

Também há várias salas de aula com portas de vidro. Uma tem instrumentos musicais, um chão de madeira para dançar e uma zona delimitada por um piso de cerâmica com cavaletes, quadros e telas. É a sala disponível para a arte. Outra se assemelha a uma pequena biblioteca, com vários computadores, livros, mesas redondas e cadeiras. Outra parece ser uma sala de descanso. Depois há mais uma com mesas, cadeiras, computadores, papéis e lousas magnéticas.

Quem usa estas salas? Em que momento do dia? Onde estão os professores? As salas são usadas pelas crianças quando precisam. Os professores estão disponíveis para auxiliá-las em suas pesquisas, guiá-las, sugerir novos desafios, contar histórias e convidá-las a se aproximar de universos desconhecidos.

Mas se brincam o tempo todo, por acaso as crianças vão querer estudar matemática?

Possivelmente sim, desde que haja alguma criança interessada que também goste de lhes explicar fórmulas mágicas ou então quando houver um professor com o qual as crianças possam ir à rua para fazer compras para o almoço e sejam responsáveis para definir quanto dinheiro pode ser gasto, para quantas crianças, em que produtos etc. Se descobrirem que a matemática é maravilhosa, ninguém vai querer perder as aulas. A mesma coisa acontece se alguma criança é fascinada pelas datas de aniversário de seus amigos, a astrologia, os mitos ou o movimento das estrelas. Certamente terá seguidores fiéis e um séquito de crianças fascinadas pesquisando sobre os confins do universo.

As crianças acharão a geografia incrível — por exemplo — se descobrirem os filmes de Jacques-Yves Cousteau. Muitas quererão ser oceanógrafos ou se preocuparão com a ecologia, desejarão conhecer regiões distantes e organizarão viagens para estar mais em contato com a natureza. A literatura será outro universo disponível se algum professor for levando as crianças através de interesses genuínos, usando a linguagem como fonte de inspiração. As artes marciais lhes oferecerão equilíbrio e sensatez. As habilidades manuais, como costurar, tecer, bordar, cozinhar, consertar móveis ou fazer trabalhos de jardinagem, lhes darão o dom da perseverança e da beleza.

Mas as crianças desejarão fazer estas atividades em vez de brincar com seus celulares? Sim, porque as crianças querem ter amigos. E para consolidar amizades, costumam se interessar por aquilo que apaixona a outra criança em questão. O ponto de partida é sempre **a amizade**. Justamente, o segredo para aprender alguma coisa — o que for — é a intenção de se vincular afetivamente com outro. Isso será possível se nos interessarmos pelas mesmas questões. Não há inspiração maior do que a possibilidade de compartilhar uma descoberta, uma pista, uma aventura, uma possibilidade.

É tão grande o desejo de se divertir, explorar e estar juntas que, para as crianças, as horas do dia não são suficientes para estabelecer contato com todas as disciplinas que gostariam de inspecionar. Tanto é assim que quando seus pais vão buscá-las no clube-escola, elas não querem voltar para casa: ainda têm muito trabalho a fazer. Podemos imaginar que as crianças iriam querer ficar mais horas na escola sentindo-se responsáveis pela pesquisa iniciada? Claro que sim. Acontece a mesma coisa quando não querem abandonar uma partida de futebol pela metade ou não querem que acabe o acampamento ao qual foram com amigos ou não querem ir embora mais cedo de uma festa. Se estão envolvidas e percebem que ainda há algo mais que não examinaram, é lógico que desejem ir a fundo até sentir que concluíram uma parte e poderão continuar o estudo ou a tarefa no dia seguinte.

Em uma escola feliz, a idade não importa nem um pouco. Pelo contrário, as crianças mais velhas atuam como guias e inspiram as menores. Assim aprendem a ser solidárias, enternecendo-se com seus semelhantes. Conseguem compreender as diferenças, aceitá-las e transformá-las em tesouros. Estas são as experiências que as transformam em crianças inteligentes, abertas, bem-dispostas, criativas, espertas e bem-aventuradas.

Todos os desafios são possíveis. Para qualquer coisa que a criança queira investigar, receberá apoio e companhia. Algumas delas terão interesses muito pontuais; por sua vez, outras crianças, mais inquietas, preferirão se envolver com múltiplas atividades.

É interessante notar que algumas crianças — quando lhes é permitido se envolver permanentemente com uma matéria — viram especialistas. Seja praticando dança, piano, agricultura, geometria, patinação no gelo, xadrez ou judô... Se o fazem com disciplina e rigor durante muitos anos, indefectivelmente, serão competentes nessas áreas. Muitos cientistas, artistas, artesãos, médicos, intelectuais e esportistas que se destacaram em suas atividades, em todos os casos se dedicaram desde criança ao trabalho com paixão e afinco.

Exatamente, se as crianças passarem toda sua infância perdendo tempo em uma escola obsoleta na qual têm que decorar assuntos que não lhes interessam nem um pouco e pelos quais não sentem a menor atração, não terão energia suficiente nem tempo real para se dedicar a desenvolver aquilo que as apaixona e para o qual — certamente — terão especial habilidade. Insisto, qualquer atividade a que a criança se entregar com alegria e método se transformará em uma ferramenta perfeita para seu desenvolvimento, e talvez em seu ofício futuro.

O QUE OS ADULTOS PODEM FAZER PARA ORGANIZAR UM AMBIENTE FELIZ?

Aí está o maior obstáculo. Aqueles que hoje são adultos estudaram em escolas convencionais, baseadas no autoritarismo e na repressão. Estão tão afastados do seu ser essencial, inclusive da sua vocação original, que não dispõem de recursos para apoiar as crianças nos aprendizados baseados na liberdade, na amizade, na ecologia e no florescimento das próprias habilidades em prol do bem comum.

A antiga concepção do professor que ensina uma especialidade sem nenhum contato com outras áreas do conhecimento e sem ter aptidões para se relacionar afetivamente com cada criança já caducou. São os adultos que precisam reaprender, aceitando que aquilo que acreditavam "saber" já não lhes serve.

Talvez os principais obstáculos sejam os preconceitos que ainda sustentam, por ignorância ou por costume. E também o mau hábito de "carimbar" cada criança por alguma inabilidade em vez de ter uma aproximação global com a irradiação específica de cada criatura.

Se os adultos pretendem organizar uma escola feliz, ou seja, inteiramente disponível para o desenvolvimento livre de cada criança, precisarão de acordos básicos entre pais, tutores e professores. Todos juntos. Muitas crianças já chegarão de suas escolas de origem, das quais foram expulsas, com algum estigma por serem inquietas, ou frágeis, ou vítimas de *bullying*, ou distraídas, ou diagnosticadas com falsas síndromes, como o TDAH (que no inglês é ADD, ou *Atention Deficit Disorder*, considerado um transtorno de déficit de atenção, impulsividade e hiperatividade). As crianças precisarão de tempo para voltar a confiar em si mesmas, admitindo que seus interesses são atraentes e indispensáveis para todos. Esta passagem entre o adormecimento e a repressão de suas inquietudes pessoais e a certeza de que há um lugar confiável para manifestar sua curiosidade as levará a um intervalo de tempo. Nós, adultos, devemos trabalhar a paciência e a suposição de que a verdade interna de cada criança se acomodará no seu devido momento e florescerá.

Por outro lado, uma coisa muito importante compete aos pais: verificar a cada dia a realidade emocional de seus filhos. Além dos ideais que possam ter sobre pedagogias livres, é indispensável que entendam sua responsabilidade sobre o **bem-estar afetivo** de cada criatura. E isso se constrói em casa, não na escola, por mais livre que ela seja. Também deveriam avaliar a idade das crianças, ou seja, estimar se já têm maturidade afetiva suficiente para passar algumas horas fora de casa.

A princípio, as crianças entre 0 e 7 anos são inteiramente fusionais. Isto significa que nada lhes importa mais do que estar confortavelmente dentro do território materno. Todo o resto mascara a sua realidade. Entre 0 e 7 anos, a escola pode servir, desde que a mãe ou uma pessoa com atribuições maternais esteja quase sempre presente. Porque — embora a partir dos 3 ou 4 anos — elas gostem de ter amigos, isso só será possível se tiverem atendidas suas necessidades básicas de fusão emocional. Caso contrário, o vínculo forçado com outras crianças estará baseado na agressividade que denota a hostilidade que estarão recebendo.

Depois, a escola livre entre os 7 e os 14 anos, geralmente acolhe crianças que talvez não estejam suficientemente "maternadas" em casa. Nesses casos, precisarão de mais tempo até confirmar instintivamente que a escola é de fato um ambiente confiável, com professores que usam o tempo para permanecer com elas, para ouvi-las e, sobretudo, para perceber seus estados emocionais que ainda não conseguem organizar nem transmitir com clareza.

Quero dizer que há uma ordem para que cada espaço cumpra a função que lhe é atribuída. O lar é o espaço no qual as crianças se sentem amadas, protegidas, resguardadas e amparadas. Depois, a escola pode se transformar no lugar onde as crianças exploram além delas mesmas, ao lado de outras crianças. No entanto, quando a primeira condição não é cumprida, a escola terá de substituir obrigações parentais, restringindo então as funções específicas de aprendizado, abertura e inclusão no mundo ampliado. É imprescindível compreender que a escola não pode substituir as funções parentais. É habitual que as crianças cheguem feridas (em termos afetivos), insatisfeitas, reclamando uma disponibilidade materna que não receberam e pretendendo ser ressarcidas. Em algum momento, as mães terão que assumir aquilo que lhes compete com humildade e vontade genuína de amar, inclusive se não foram suficientemente amadas em sua infância. Então, será maravilhoso se envolverem com escolas respeitosas e afins à natureza das crianças.

Por sua vez, os professores também terão que modificar sua visão limitada, seja a respeito das matérias que ensinam como a capacidade de perceber a riqueza de cada criança, colocando-se à disposição desses tesouros por revelar. Também constatarão que muitos de nós, adultos, podemos nos tornar professores, embora não tenhamos um diploma que especifique uma matéria em particular. Muitos de nós somos entusiastas de assuntos interessantíssimos sobre os quais temos treinamento e paixão. Por isso, quando somos mães, pais ou tios, podemos ensinar xadrez, se tivermos habilidade para interessar as crianças. Ou clarinete, astronomia, cuidar de animais, tai chi chuan, cerâmica, programação de computadores. informática. Se temos paixão por algo, algo sabemos fazê-lo bem e temos um mínimo de perícia para transmitir esses conhecimentos, as crianças ficarão encantadas e nós aprenderemos ainda mais sobre esses ofícios.

Todos somos professores e todos somos aprendizes em diferentes momentos e circunstâncias. De fato, as crianças são mestras de outras crianças, de forma permanente. Por isso, uma escola feliz precisa — sobretudo — de acordos elementares entre os adultos e os responsáveis pelo grupo de crianças, baseados no bom trato, no respeito, no conhecimento sobre a natureza da criatura humana, na atenção às necessidades e buscas de cada criança, na não massificação dos estudos, na paciência, no bom humor e na gentileza entre adultos e crianças. Se conseguirmos que estes pactos mínimos de convivência funcionem, o resto construiremos no caminho.

PROJETOS PEDAGÓGICOS ALTERNATIVOS

Existem excelentes experiências no campo das pedagogias não convencionais. Talvez a mais difundida pelo Ocidente seja a pedagogia

Waldorf, pensada e instaurada na Alemanha por Rudolf Steiner. Também foi bastante difundida a pedagogia de Maria Montessori e a experiência das escolas de Reggio Emilia (ambas italianas). Também há inúmeras escolas livres surgindo em diversas regiões do mundo, transmitindo na base da tentativa e erro estes novos costumes, sempre baseados na liberdade de cada criança e mudando o rumo à medida que cada grupo de adultos responsáveis vai adquirindo maior destreza. Obviamente, o sistema que está fazendo furor no mundo é o *homeschooling*, ou seja, a educação domiciliar. Vou lhes oferecer um brevíssimo resumo sobre estas experiências.

A PEDAGOGIA WALDORF

A pedagogia Waldorf foi pensada pelo filósofo austríaco Rudolf Steiner (1861-1925). Ele concebeu um pensamento complexo, estabelecendo a evolução dos seres humanos em períodos de sete anos, em sintonia com as quadraturas de Saturno no céu. Assim foi dando forma a um sistema chamado **antroposofia**, que abrange diferentes matérias, entre elas a educação. O sistema educacional que Steiner propôs difundiu-se no mundo com o nome de "pedagogia Waldorf" porque uma das escolas que funcionaram sob este sistema foi justamente na cidade de Waldorf, no leste da Alemanha. Steiner também se encarregou de difundir o que chamou de agricultura biodinâmica (muito antes de que estivéssemos falando de alimentos orgânicos), a medicina antroposófica, a euritmia (um movimento corporal suave em sintonia com a música), preceitos espirituais e filosóficos nos quais, aqueles que estiverem interessados, vale a pena se aprofundar.

Penso que, à medida que as escolas convencionais foram caducando, estes sistemas alinhados com a organicidade das crianças foram se multiplicando. De fato, hoje há mais de mil escolas Waldorf independentes, cerca de dois mil jardins de infância em sessenta países da Europa e América. Desta maneira, toda a teoria em que se baseia a pedagogia Waldorf conquistou muito reconhecimento e, sobretudo, aceitação e alegria por parte das crianças.

Steiner estudou as diferentes etapas evolutivas das crianças, explicando que os primeiros sete anos deveriam se centrar nas brincadeiras criativas; dos 7 aos 14 anos seria necessário acompanhar o desenvolvimento das expressões artísticas; e dos 14 e aos 21 anos o raciocínio crítico e a compreensão empática, auxiliando os jovens e se tornarem indivíduos livres, responsáveis, integrados e capazes de sentir empatia.

Nas palavras de Rudolf Steiner, a escola *"é um lugar de encontro entre duas gerações que se ensinam mutuamente. Um espaço de reflexão onde a ordem estabelecida — mais do que se perpetuar — pode se renovar, acolhendo os novos impulsos evolutivos de cada nova geração"*.

As escolas Waldorf geram uma vida cultural intensa que se irradia nos ambientes sociais. Todas as famílias também costumam se interessar pela agricultura biodinâmica, a alimentação saudável e a relação amável com a natureza. Inclusive dão importância à recuperação dos ofícios práticos e artesanais, patrocinando alguns jovens na criação de pequenas empresas ou cooperativas dentro de uma economia sustentável.

A PEDAGOGIA MONTESSORI

A Metodologia **Montessori** teve início na Itália e foi desenvolvida por Maria **Montessori** (1870-1952), a partir de suas experiências com crianças em situação de risco social. Ela baseou seu trabalho no respeito pelas crianças e em sua incessante capacidade de aprender.

Embora hoje em dia compreendamos que as brincadeiras infantis sejam fundamentais, no começo do século XX suas propostas foram revolucionárias. Ela sustentava que a principal atividade das crianças é **brincar**. As crianças brincam enquanto investigam tudo aquilo que é relacionado com seu ambiente, livre e espontaneamente. E assim, brincando e explorando, as crianças vão aprendendo com o meio que as cerca.

O método **Montessori** oferece um ambiente especialmente preparado, organizado e simples. As salas de aulas Montessori recebem crianças organizadas por faixas de idade, com uma diferença de três anos entre elas, promovendo a socialização, a ajuda mútua, o respeito e a solidariedade. Também inventou brinquedos com materiais de qualidade, que estão sempre disponíveis para as crianças.

Maria Montessori considerava que os educadores deviam estar à disposição da criança e não o contrário. E que um ambiente acolhedor contribuía para que a relação entre eles fluísse.

Além disso, detectou quatro fases de crescimento, que chamou de "níveis de desenvolvimento". O primeiro vai até os 6 anos, quando a mente da criança absorve tudo o que a cerca, inclusive a linguagem e a cultura. Depois descreveu o segundo nível, que vai até os 12 anos, quando a criança desenvolve uma mente capaz de raciocinar, explorando sua imaginação e liberando um pensamento abstrato. Mais tarde, o terceiro nível, até os 18 anos, quando o adolescente já adquire uma mente humanística, querendo contribuir com sua comunidade. Por último, o quarto nível de desenvolvimento, até os 24 anos, quando a pessoa chega à idade adulta e consegue explorar o mundo com mente de especialista, procurando seu próprio lugar.

AS ESCOLAS DE REGGIO EMÍLIA

Loris Malaguzzi (1920-1994) foi professor, pedagogo e inspirador da metodologia educacional das escolas de Reggio Emília, fundadas nessa região do centro da Itália. Tudo começou quando — com um grupo de camponeses — resolveu construir uma escola para crianças. Estas pequenas escolas eram autogerenciadas e tinham o objetivo de defender o lazer livre as crianças. Hoje este sistema é mundialmente reconhecido; de fato, a escola de educação da Universidade de Harvard o estuda como modelo pedagógico.

Malaguzzi demonstrou que as crianças aprendem por si mesmas, desenvolvendo suas atividades com espontaneidade, já que o aprendizado é um processo natural. Tinha mais interesse pelas descobertas que as crianças e adultos realizam juntos do que por qualquer outro tipo de ensino. Ele pretendia criar uma escola **adorável**, onde as crianças, as famílias e os professores fossem bons, já que todo o objetivo era criar boas condições para aprender o que fosse. Costumava observar as crianças todos os dias, constatando como brincavam, aprendiam e se desenvolviam.

Loris Malaguzzi defendia vários princípios básicos. A criança deve ser protagonista. Os professores simplesmente acompanham as explorações das crianças. O espaço deve ser adequado, organizado e bonito. As famílias devem participar ativamente, porque são elas que garantem o bem-estar das crianças. E, por último, é necessário documentar as experiências, já que estes documentos permitirão aos professores conhecer melhor sua tarefa e compartilhá-la com os colegas.

AS ESCOLAS LIVRES

Há pontos de encontro e diferenças conforme as regiões e as famílias que as constituem, mas todas se baseiam no respeito aos ritmos, às inquietações e às necessidades particulares de cada criança. As escolas livres enfatizam a brincadeira, as motivações, o cuidado das emoções e a responsabilidade como base da educação centrada em cada pessoa.

Serve uma escola na qual não há tempo para brincar a não ser no recreio, onde se espera que os estudantes aprendam sem poder controlar, explorar e descobrir por conta própria, a não ser somente regurgitando dados e explicações pré-prontas?

Pelo contrário, as crianças conseguem aprender por iniciativa própria através da sua curiosidade inata e da sua força de vontade sem estar submetidas a um programa, a lições nem a uma férrea tutela adulta? É possível? E se é assim, como? **O ponto de partida costuma ser a confiança e o desejo de compartilhar com outras pessoas cada descoberta.**

Muitas escolas estão se adaptando porque há muitas famílias com a mesma esperança e a mesma necessidade. Estão constatando que, por exemplo, quando **as crianças passam cada dia em uma escola em um bosque, se tornam mais colaborativas,** confiam em si mesmas e não precisam de brinquedos, além de folhas, pedras e barro. **Nessas escolas não há carteiras** e não se exige das crianças que fiquem sentadas, porque se entende que aprendem com todos seus sentidos e que a liberdade de movimento facilita a concentração, a memória e a criatividade. **Também podem participar** da comunidade educacional, tomando decisões em nível de igualdade com os adultos, responsabilizando-se pelo bom andamento da escola e sentindo-se verdadeiramente parte dela.

Nas escolas livres se recupera o valor da brincadeira e da curiosidade, dos afetos, da imaginação, do entusiasmo, da calma e do diálogo, da iniciativa e da capacidade de transformarmos a nós mesmos e recuperamos a confiança de que podemos mudar também o que nos cerca.

Há algumas considerações frequentes; por exemplo, que no ambiente externo haja um jardim "relaxante", ou seja, que tenha vegetação, um tanque de areia, uma fonte ou uma horta. **No interior, o ideal é que as salas de aula estejam sempre abertas**, que haja luz natural, que os móveis e os brinquedos sejam fabricados com materiais naturais, como madeira, vime, algodão ou lã. **Que a decoração seja o mais semelhante possível a um salão acolhedor**, com tapetes, espaços para várias atividades, sem carteiras nem mesa de professor.

Os professores deveriam ter alguma formação em pedagogias ativas, educação emocional, comunicação não violenta ou educação criativa. De qualquer maneira, o professor é considerado **como um acompanhante** ou facilitador, que não dirige o aprendizado das crianças, mas que, através de seu apoio, sua inspiração e sua disponibilidade afetiva, permite que cada criança manifeste sua curiosidade e suas iniciativas.

A flexibilidade horária também é um aspecto interessante, em vez de esperar uma pontualidade estrita. Então, **a organização do dia** deveria levar em conta a iniciativa, os ritmos e os interesses particulares de cada criança, permitindo que ela possa se movimentar livremente escolhendo o espaço em que deseja trabalhar, através de ateliês que englobam diferentes áreas do conhecimento. Obviamente, a mistura de **idades estimula o aprendizado.**

Quanto às famílias, deveriam poder entrar nas salas de aula para acompanhar seus filhos. Seria ideal que contassem com espaços que lhes permitissem se reunir com outros pais durante o horário escolar.

Uma escola livre confia nas capacidades de cada criança e nós teríamos que poder acompanhá-las emocionalmente através da empatia, da calidez, da ausência de julgamentos e castigos, do apoio e da escuta.

HOMESCHOOLING, EDUCAR EM CASA

A educação domiciliar em a reúne tantas experiências diferentes como há famílias implementando-a. Trata-se, fundamentalmente, de que as crianças sejam educadas em casa, às vezes compartilhando experiências com outras famílias ou em contato com a natureza (praias, montanhas, florestas). Em todo caso, fora das instituições escolares. Em um passado não tão remoto, esta era a única forma de ter acesso à instrução intelectual. Hoje em dia, a motivação principal é não expor as crianças à repressão, à obediência, aos maus-tratos, ao autoritarismo e à violência normatizados nas escolas convencionais.

Há famílias que vivem em zonas rurais isoladas e decidem não levar as crianças ao colégio, ensinando-as a ficar em harmonia com a natureza, os animais e a sociedade, aprendendo que qualquer ensinamento ou matéria está inter-relacionado com os outros e não estão separados, como acontece nos colégios impostos pelo sistema.

Educar no lar é assumir a educação de nossos filhos sem delegá-la a instituições educacionais. Implica exercer um direito natural e primário dos pais, contemplado em vários acordos internacionais. Na maioria dos casos, estas famílias estão inconformadas com o sistema formal.

Como funciona? Insisto, cada família define a maneira como quer educar seus filhos. Não é necessário pedir permissão a ninguém. Pelo contrário, é provável que sejam vítimas de acusações de todo tipo.

Educar em casa significa assumir totalmente a responsabilidade de educar nossos filhos fora do contexto da escola, inclusive o acadêmico. Isso requer uma mudança completa de vida, paradigmas e rotinas. Desde que o mundo é mundo, os pais têm ensinado a seus filhos o que realmente precisarão ao longo da vida.

Em relação aos temas acadêmicos, hoje a internet é uma ferramenta imensa de acesso ao conhecimento, só é preciso saber como usá-la em nosso favor. "Onde meu filho vai encontrar amigos?" As crianças educadas em casa sabem que os amigos estão em todos os lugares.

E do ponto de vista legal? Crianças de qualquer região podem se apresentar uma vez por ano para fazer os exames de acordo com o currículo que cada país estabelece e obter assim os certificados de estudo. Com frequência, crianças educadas em casa possuem uma educação superior à demanda dos exames convencionais, um pensamento livre e um entusiasmo difíceis de igualar. A maioria destas crianças cursa seus estudos superiores em universidades prestigiadas, com uma dedicação extraordinária, tendo mais consciência de suas próprias habilidades, anseios, desejos e aptidões.

A CAPACIDADE DOS ADULTOS DE ENTENDER AS REALIDADES EMOCIONAIS DAS CRIANÇAS

Quero enfatizar que é importante, para as crianças, contar com adultos que tenham a delicadeza suficiente para perceber seus estados emocionais, organizá-los, nomeá-los, localizá-los e ajudá-las a transcendê-los. Para que as crianças possam participar de atividades com desenvoltura e confiança, precisam se sentir previamente protegidas e amparadas.

Claro que as crianças — antes de chegar à etapa da exploração — precisam se sentir amadas. Essa é a função da mãe. Não estou afirmando que as mães não amam seus filhos. Estou testemunhando que a imensa maioria das crianças não se sente amadas. Essa é uma responsabilidade prévia à educação. As crianças serão facilmente educadas, em uma escola mais repressiva ou mais aberta, se se sentirem amadas.

Entretanto, é de se esperar que a escola também seja um ambiente amoroso e sensível à realidade emocional de cada criança. Sobretudo, se em casa não obteve o abrigo e a segurança que esperava. Tão cruel é a existência de cada criança que ela logo se manifesta na escola sob a observação de professores que não têm treinamento suficiente para imaginar ou compreender o que acontece em cada casa. Os casos cada vez mais banais de *bullying*, a violência entre as crianças, as brigas e as provocações, não apenas são habituais, mas os adultos não sabem como abordá-las, a não ser reprimindo ou castigando. Lamentavelmente, o ambiente onde as coisas deveriam mudar é a própria casa, mas poucos professores têm a desenvoltura para abrir as portas aos pais e apoiá-los em suas incapacidades afetivas.

Os próprios pais, com suas deficiências afetivas, às vezes escolhem escolas livres ou com pedagogias alternativas, supondo que nelas as crianças compensarão a falta de entrega e disponibilidade que não encontram no lar. Falso. Quando uma criança reclama fusão e amor materno, não a compensa com outra entidade que não seja fusão e amor materno. Mais cedo ou mais tarde, nós, pais, teremos que cuidar delas, para não delegar às próximas gerações aquilo que podemos resolver hoje com responsabilidade e firme intenção de amar e fazer o bem.

Adolescência

SEGUNDO NASCIMENTO

Costumo chamar a adolescência de **segundo nascimento**. Porque a potência explosiva com a qual chegamos ao mundo e nos permitiu mamar nos peitos da nossa mãe, chorar incansavelmente para exigir o que necessitávamos ou nos fazermos ouvir até que fossemos satisfeitos, volta a surgir a partir dos 13 ou 14 anos. Nosso corpo físico cresce de repente: se alonga, perde a harmonia, se estica e explode.

Claro que a adolescência que vamos viver depende definitivamente da infância que acabamos de atravessar. Recordemos que há cinco minutos éramos crianças. Por isso, é inútil supor que a adolescência é sempre uma fase "difícil". Embora às vezes se transforme em uma dor de cabeça para os pais, se aqueles que criaram a criança não a atenderam, a violentaram, a abandonaram ou a depredaram. Então a força que reaparece nesta época vai se dividir entre a raiva, a vingança e a fúria reprimida. A adolescência em si não é uma fase de descarga violenta, mas apenas uma porta que se abre subitamente, permitindo drenar a dor pela injustiça que ainda palpita no âmago de uma criança maltratada, se essa foi a realidade experimentada por esse sujeito.

Este segundo nascimento, ou seja, esta detonação da força vital, da libido, do desejo ardente, da potência e de paixões descomunais procura dois grandes cursos para liberar esta energia renovada: **a sexualidade** e **a vocação**. As duas instâncias são inatas, ou seja, estão inscritas no desenho da espécie. Portanto, todos nós, seres humanos, contamos com estes dois recursos dinâmicos e intensos. **O fato de não poderem florescer ao longo da adolescência é um verdadeiro desastre ecológico**, porque só pode ter acontecido como consequência de níveis de repressão altíssimos.

VOCAÇÃO

Todos os seres humanos trazem para a vida algumas habilidades que são particulares, únicas, originais. Todos nós temos uma função específica que está prevista para ser oferecida ao próximo. Essa certeza sobre a nossa competência pessoal, a nossa espontânea consagração, é a **vocação**.

A típica pergunta que é feita às crianças: o que você quer ser quando crescer? Todas as crianças sabem o que querem ser. Bombeiros, astronautas, arqueólogos, jogadores de futebol, bailarinas, violonistas, jogadores de xadrez, professores ou veterinários. Essa pulsão interior é genuína. Infelizmente, a maioria das crianças está tão contingenciada às limitações que os adultos lhes impõem que, com frequência, se esquece dessas impressões espontâneas. No entanto, durante a adolescência, algumas certezas íntimas ressurgem com renovado ímpeto. Podem não coincidir com as fantasias infantis. As crianças que sonhavam em ser astronautas, descobrem, durante a adolescência, a arte. As meninas que sonhavam em ser bailarinas, durante a adolescência são surpreendidas pelo yoga. Também acontece que a libido que surge durante este período possui um vigor tal que certos jovens abraçam múltiplos caminhos possíveis: embarcam em movimentos ecológicos, aprendem o ofício de luthier, estudam música, arquitetura e vários idiomas. Quero dizer, a vocação não se limita ao suposto ofício com o qual ganharão dinheiro, mas é a manifestação de suas habilidades e gostos pessoais colocados em ação.

Por que é importante que os adultos apoiem cada adolescente para que se aprofunde nesses caminhos vocacionais? O que há a se fazer? Quase nada. Apenas observar como flui um rio por seu próprio leito ao invés de construir barreiras que o freiem e o obriguem a se desviar de seu curso. É mais fácil contemplar os interesses naturais de um jovem do que impor estudos, carreiras ou rotinas que são contrárias a sua própria natureza, porque, nesses casos, será necessário persuadi-lo, obrigá-lo, confrontá-lo ou reprimi-lo. Então a escalada da incompreensão, somada às experiências infantis de distância emocional, fazem estragos. Por sua vez, acompanhar é relativamente simples, porque nós, adultos, não temos que fazer quase nada, além de estar disponíveis. Em suma, ajudá-lo a encontrar algo relativo ao que procura, ainda que, em tempos de internet e redes sociais, os jovens localizem seus interesses mais depressa do que os adultos.

Erroneamente, acreditamos que os adolescentes não têm nenhum interesse e que, se não os obrigarmos a estudar, ficarão dormindo para sempre. É mentira. Não interessa aos adolescentes o que estudam no colégio, e eles têm razão! Quase nenhuma das matérias que estudam tem sentido. Às vezes porque a disciplina em si mesma é obsoleta e não diz respeito a nenhuma área da vida do jovem, e outras porque a maneira como é explicada ou ensinada carece de qualquer contato com a realidade. Com frequência, os estudos estão fora de qualquer lógica, de qualquer significado transcendental.

A adolescência é um segundo período em que explode o eu autêntico — recordemos que isso aconteceu pela primeira vez quando a criança nasceu e enquanto foi bebê. Portanto os jovens têm a absoluta certeza de que "isso" que estudam na escola é estúpido. Não coincide com nenhuma vivência interior. Insisto que nossa adolescência é uma oportunidade excepcional para voltar a entrar em contato com nosso ser interior, perdido durante a infância. A vocação é um caminho perfeito, porque brota repentinamente de nosso âmago, sem dar atenção a ordens nem preceitos alheios.

O que acontece quando um adolescente não quer estudar? Ou não quer ir ao colégio? É interessante. Nós, pais, achamos que é uma dor de cabeça. O engraçado é que não há nada de errado, mas sim o contrário: ele tem razão! Está conectado consigo mesmo, e isso é fabuloso! Não há nada de verdadeiro nas longas horas que os jovens perdem durante toda a jornada, de segunda a sexta. É um verdadeiro despropósito usar mal o tempo, um bem tão precioso. Pensemos que, na fase de maior energia vital, o deixamos trancado, desperdiçando toda essa força criativa, fazendo nada. Decorando matérias sem nenhum interesse, entediados e distraídos. A escola para adolescentes, tal como a mantemos na atualidade, ficou obsoleta. É ridículo que, poucos anos depois, esses jovens procurarão trabalho e as empresas que empregam talentos estarão procurando pessoas criativas, empreendedoras, livres, dinâmicas e valentes. No entanto, eles foram preparados para o contrário, para a obediência.

Quando os jovens não seguem sua vocação espontânea, que é o caminho livre das habilidades naturais, desde o lar até a escola, é óbvio que a vocação vai ser reprimida, e então serão mandados a fazer "testes vocacionais" porque não sabem o que querem fazer de suas vidas. Mais tarde, estes exames duvidosos serão interpretados por alguns técnicos que dirão a cada um que tem que se matricular em uma faculdade de direito, de línguas ou de comunicação. O que isso significa? O próprio nada.

Se nossos filhos adolescentes estão perdidos, não sabem o que querem estudar e não se interessam por nada, é urgente que nós revejamos o papel autoritário e distante que exercemos sobre eles e reparemos a falta de amor e de compaixão que sofreram como consequência de nossas incompetências afetivas. Chegou o momento de ressarci-los, porque ainda esperam receber esse carinho incondicional de nós.

AS RELAÇÕES SOCIAIS COMO PRINCIPAL NÚCLEO DE INTERESSE

A adolescência é maravilhosa, pois é a melhor época para fazer amizades. Nossa força vital é tão grande que abraçaríamos o mundo inteiro. Insisto que, se não temos recordações de que algo assim já nos aconteceu, é como consequência da repressão ou da violência ou do desprezo vividos durante nossa infância, que eliminaram essa habilidade natural; no entanto, se tivemos uma infância com um mínimo de apoio e acompanhamento afetivo, a adolescência se transforma em um ambiente de portas abertas, pelas quais podemos entrar e sair, experimentar, ensaiar, nos apaixonarmos perdidamente, nos livrarmos das perdas ou nos extasiarmos com as oportunidades que a vida nos oferece.

As relações de amizade que estabelecemos nessa etapa tão vital da vida se tornam indispensáveis. Com frequência, isso é tudo o que nos importa: ter amigos, estar com os amigos, fazer planos com amigos, dormir com amigos, nos comunicarmos com amigos e cuidar desse território de pertencimento no qual nos sentimos confortáveis.

Não é ridículo que os adultos nos proíbam de encontrar nossos amigos como castigo por não termos estudado? Nesta etapa, nossos amigos são fonte de energia, se transformam no próprio sentido da vida. Inclusive, os jovens afetivamente amparados por sua rede de amizades talvez encontrem sua vocação ou seus interesses pessoais exatamente porque um de seus amigos está estudando ou envolvido com alguma coisa que pode entusiasmá-los.

É frequente que os jovens escolham certas disciplinas pelo simples fato de compartilhá-las com seus amigos e — nesse fervor que o outro manifesta — vão encontrando sua própria paixão.

Quantos de nós começamos a correr porque um amigo treinava todas as manhãs e — no afã de acompanhá-lo e compartilhar alguns momentos — nos envolvemos sem perceber. Outras vezes, nos interessamos pela literatura porque um amigo nos contou, com entusiasmo, a descoberta de certos autores que os fascinavam. Em outras vezes, nos interessamos por animais porque um amigo nos convidou muitas vezes a visitar uma chácara onde sua família nos recebia gentilmente e tínhamos contato direto com a criação e o cuidado de animais. Enfim, muitas vocações se despertam através do contato e dos interesses de amigos, sustentados por um profundo sentimento de camaradagem e fraternidade.

AS APTIDÕES PARA TRABALHOS OU O DESPERDÍCIO DE TEMPO EM APRENDIZADOS OBSOLETOS

Insisto que todos nós, seres humanos, chegamos ao mundo com capacidades e habilidades próprias. Alguns de nós somos mais perceptivos, outros temos mentes brilhantes para a matemática, outros temos ouvido absoluto, outros contamos com uma força física ideal para os esportes, outros somos extraordinariamente hábeis com as mãos, ou seja, temos uma habilidade motora excepcional... Enfim, milhares de recursos originais com os quais sentimos alguma afinidade, mas que precisam se manifestar ao longo da infância ou da adolescência. Quem pode ajudar esse desenvolvimento? Os adultos que acompanham o jovem: pais, padrinhos ou professores.

No entanto, algo atenta contra a evolução destas habilidades: a falta de tempo para explorá-las. Se os jovens passam a maior parte do tempo trancados em colégios, submetidos a supostos estudos, exames, disciplina e obediência, não há intervalos suficientes para a exploração livre de interesses pessoais. Exatamente, **o tempo interminável que passam nos colégios atenta inexoravelmente contra sua vocação.**

A adolescência é o momento ideal para a exploração vocacional, mas, para que isso aconteça, os jovens precisam de oportunidades concretas para tatear opções. Aqueles que são estimulados encontrarão milhares de opções preciosas na internet ou entrarão em contato — geralmente através de suas relações de amizade — com alternativas talvez impensadas. As melhores opções costumam aparecer fora do colégio. Por isso é muito importante que os jovens assistam a espetáculos, viajem, que tenham atividades, participem de voluntariados, entrem em contato com a arte, a música, aprendam a tocar algum instrumento, pratiquem esportes, passeiem, participem de eventos criativos, inclusive estudem religiões comparadas, astrologia, tarô, que façam yoga, meditem, dancem, que abram suas percepções até entrar em contato com seu próprio universo e explodam de felicidade com tantos encontros afetivos entre parceiros.

Não é verdade que os adolescentes não sabem o que querem. Tampouco é verdade que nada lhes interessa ou que não querem se esforçar. Muito menos que têm uma vida fácil. Ao contrário, estão fartos de imposições absurdas enquanto ainda arrastam a dor pela distância emocional de suas próprias mães. Tudo que precisam é serem ressarcidos.

Por sua vez, os pais têm uma maneira de reparar o sofrimento que causaram, sem que se dessem conta, no passado: apoiando seus filhos adolescentes, suas descobertas e interesses pessoais agora. Não importa se não os consideram capazes ou se têm medo de que não consigam ganhar o pão no futuro. Tudo isso tem relação com seus medos infantis, que não têm a ver com os jovens.

Uma vez que os incentivarem a experimentar o que quer que queiram fazer, tanto estudar astronomia, aprender mágica, praticar artes marciais ou se envolver completamente com a informática, constatarão que só **atuando** em diversos **trabalhos**, os adolescentes (na verdade, isto vale também para os adultos, tão perdidos deles mesmos) poderão ir avaliando se vale a pena seguir por esses caminhos ou se precisam testar outras opções. É tão simples como isso: caminhos que se bifurcam e que às vezes voltam a se encontrar. Ou caminhos que giram em círculos e levam as pessoas ao início do percurso mais amadurecidas. Ou caminhos que as lançam em outros, que as levam a saltarem no vazio que as leva a uma viagem extraordinária.

A EVASÃO ESCOLAR NO ENSINO MÉDIO

É óbvio. Quando os adolescentes já não veem nenhum sentido, por que manter a rotina diária em um lugar arcaico? Por que tolerar a raiva acumulada de professores ou preceptores que descarregam nos adolescentes todas suas penúrias? Por que decorar algo com o único fim de passar em uma prova sem sentido? Por que todos os jovens da mesma idade têm de se interessar pelas mesmas matérias? Por que aceitar o desprezo por certas aptidões nas quais se desenvolvem bem? Como manifestar a potência sexual que os domina?

Nos colégios, tal como funcionam hoje, nada de autêntico pode aflorar, salvo nos breves recreios onde os jovens podem se divertir com seus amigos. De fato, muitos deles recordam a escola secundária como o lugar onde fizeram as melhores amizades, que ainda fazem parte de suas vidas. No entanto, essas amizades não foram forjadas porque estudavam juntos geografia, mas porque marcavam encontros fora do ambiente escolar, vibrando em uníssono em uma fase de exploração vital.

Muitos adolescentes abandonam os estudos, fartos de ir todos os dias a aulas que para eles não têm nenhum sentido. Chegou a hora de pensar em quais são as alternativas positivas para uma multidão de jovens com habilidades extraordinárias que não encontram o ambiente adequado para desenvolvê-las, enquanto toda a humanidade perde esses recursos que não prosperaram.

A VITALIDADE ACESA

Que liberdade! Que alívio! Que felicidade! Que vontade de viver! Estas seriam as palavras se milhares de jovens abrissem de par em par as portas de seus colégios com o dizer: façam o que quiserem. Procurem. Investiguem. Se manifestem. Ajudem uns aos outros. Não viajem sozinhos, mas em boa companhia. Explorem. Averiguem. Descubram. Ensaiem. Equivoquem-se. Registrem as atividades sob a forma que queiram: escrita, sonora, audiovisual, onírica. Compartilhem as experiências. Depois, dentro de seis meses, voltem todos para descrever e transmitir o que aprenderam. Estaremos esperando por vocês.

Então, os jovens, habituados à repressão e ao ensino vertical, perguntarão: o que faremos? Os professores sábios responderão: o mundo jaz aos seus pés, podem fazer o que quiserem, trilhem os caminhos que escolherem e os percorram com entusiasmo e alinhados com o ser essencial que vibra em cada um de vocês. Esse será o único e extraordinário conselho.

É provável que alguns adolescentes — no começo — se sintam desorientados. Que outros suponham que está na hora de dormir ou navegar na internet, se livrando de qualquer obrigação acadêmica. No entanto, se encontrarem com um companheiro cantando em um coral, com outro amigo participando de um projeto de ativismo ambiental ou com alguém estudando jornalismo esportivo com experiências deslumbrantes, a vitalidade daqueles que estavam adormecidos se acenderá. Sem dúvida alguma.

Aqueles que estão convocados a se livrar de suas obrigações obsoletas são os pais dos adolescentes. Grande parte das ordens obedecidas pelos jovens lhes causou mais sofrimento do que bem-estar. No entanto, inclusive se os pais considerarem que aquilo que fizeram no passado foi positivo sob qualquer ponto de vista, suas vidas não têm motivo para ser o parâmetro indiscutível a ser adotado pelos adolescentes de hoje. Os paradigmas mudaram, a globalização, a inserção no futuro universo profissional, as comunicações e a forma de viver no mundo atual têm pouco a ver com suas histórias recentes. Está na hora de voltar às fontes. Se os pais foram capazes de acompanhar seus filhos pequenos na exploração amorosa de seu entorno imediato e, sim, se viram obrigados a se adaptar às suas necessidades, a adolescência surge como uma segunda oportunidade — para os jovens e para os pais, que não devem manter os filhos trancados em uma prisão incongruente quanto aos seus próprios destinos.

CASAS DE PORTAS ABERTAS

Se os adolescentes pudessem suprimir do seu pensamento tudo o que associam à palavra "escola" e se autorizassem a pensar com liberdade, talvez surgissem múltiplas alternativas de como construir um território no qual se reunissem cotidianamente para aprender e explorar, mas, sobretudo, para passar tempo junto com os amigos. Não há nada mais estimulante do que estar em companhia produzindo alguma coisa criativa: música, dança, teatro, pintura, cuidar da horta, trabalhar com madeira, moldar o barro, tecer, se aperfeiçoar na arte do origami, praticar esportes, estudar astrologia ou técnicas corporais. O que for.

Como entusiasmar um adolescente hoje em dia, se achamos — equivocadamente — que eles não se interessam por nada além de ingerir bebidas alcoólicas? Só é necessário que um único adolescente esteja interessado por um assunto qualquer. Aqueles que quiserem se vincular com esse jovem, o farão, se deixarem-se cativar por aquilo que ele está descobrindo. É muito, muito fácil.

Logicamente, teremos que levar em conta — sempre e em qualquer circunstância — a realidade emocional dos nossos filhos, observando suas vidas como se fossem um holograma, ou seja, como se todas as sensações atuais estivessem tingidas pelas experiências do passado recente. Muitos adolescentes não conseguem assumir a cota de liberdade e audácia para as quais foram desenhados porque ainda estão presos aos pedidos de amor e disponibilidade materna não percebidos quando eram crianças. Nesses casos, ressurgem nossas possibilidades de abraçá-los, acariciá-los, lhes dirigir palavras doces, aplaudi-los, reconhecê-los e lhes sorrir, até que concluam e satisfaçam suas necessidades infantis, e daí sim, se atirar na aventura de crescer.

Uma vez que os adolescentes estão prontos para abrir as portas de sua própria potência juvenil, tudo o que nós, adultos, temos que fazer é incentivar os vínculos de amizade. Para isso, é necessário um ambiente minimamente agradável, limpo e pelo qual todos nós nos responsabilizemos. De fato, o ideal seria que os adolescentes administrassem as necessidades do espaço físico: limpassem, cozinhassem, dividissem as tarefas, cuidassem dele, o embelezassem, porque é o lugar que os acolhe. Quantas horas teriam que dedicar? O tempo que quisessem. Às vezes, ficariam por muito tempo, sem vontade de voltar para a casa de seus pais. Outras vezes ficariam por pouco tempo, conversando com os amigos, se divertindo, rindo; também haveria conflitos e mal-entendidos. Nessas ocasiões, seria maravilhoso que certos adultos maduros estivessem ali para ajudar e entender, ou seja, para fornecer um olhar mais amplo às circunstâncias, de maneira que todos pudessem vislumbrar as lógicas das experiências internas, mais além das próprias cegueiras individuais.

O papel dos professores ou guias seria o de ficar atentos, intervir apenas quando achassem necessário, por exemplo, para resolver um conflito ou ajudar um adolescente isolado ou acompanhar os jovens menos estimulados para encontrarem interesses pessoais que lhes devolvessem a paixão perdida. Entendendo que é pouco o que podemos lhes ensinar sob a velha ideia de instruir, mas é muito se formos capazes de guiá-los, ouvi-los, lhes sugerir alternativas para seus interesses pessoais ou aproximá-los de ideias, livros, materiais, links da internet ou inclusive colocá-los em contato, em outros ambientes, com outros jovens interessados por assuntos similares.

Então nós, os adultos, nos tornaríamos as pontes entre a expressividade nascente do jovem e as opções reais do ambiente, para que cada um possa começar a trilhar esses caminhos. Também seríamos os guardiões, para que esses caminhos sejam o mais confortáveis possível, embora o risco de empreender novas aventuras, se perder, se frustrar e voltar a começar de novo e de novo será patrimônio de cada viajante.

Se pudéssemos liberar nossa imaginação e sonhar com uma escola, um clube ou um lugar com outro nome, onde os adolescentes simplesmente encontrassem outros jovens, com professores disponíveis, mas que não invadissem nem impusessem ideias nem premissas; obviamente com livros, filmes, computadores e disponibilidade de acesso à internet, então os adolescentes adorariam participar. Seriam as **casas dos jovens**. Daria para sentir a alegria, o otimismo, o humor e a esperança a muitos quilômetros de distância... tanto que todos, crianças, jovens, adultos e pessoas mais velhas iriam querer participar.

OS ADOLESCENTES SÃO NOTÍVAGOS

Se recordarmos nossa adolescência ou se convivermos com adolescentes, saberemos que esta afirmação é correta. Os adolescentes dormem tarde, encontram amigos de madrugada e preferem acordar tarde. É uma pena que sejam obrigados a ir para a escola nas primeiras horas da manhã.

É uma tendência? É a confirmação de que os adolescentes — para se individualizar — precisam viver outras experiências **fora de seu próprio grupo**. Ficam acordados quando sua comunidade dorme. Exploram suas habilidades quando seus pais ou guias não lhes dão indicações nem os controlam. Tateiam suas experiências excitantes de amizade, sexuais ou vocacionais, distantes de todas as ordens e sistemas de controle de seu grupo. A única forma de fazê-lo é quando os demais dormem.

É curioso, mas quando precisamos nos arriscar para assumir a própria liberdade sem limites, fugindo de qualquer controle próprio ou alheio, aproveitamos a noite. Um exemplo interessante é constatar que as mulheres dão à luz usualmente à noite, quando os demais membros de sua espécie dormem. Por quê? Ora, porque as comunidades se constituem — em parte — como fonte de segurança. Essa garantia de estabilidade implica o fechamento de fronteiras, portanto brota uma parcela de controle. Entendo que estes conceitos são sutis, mas verdadeiros. Dito isso, se procuramos — às vezes sem ter plena consciência — artifícios para manifestar a autodeterminação e a espontaneidade, precisamos nos afastar dos territórios vinculares. A noite é o melhor refúgio para não responder a exigências internas nem externas. À noite estamos mais sozinhos, mais conectados com experiências oníricas e mais livres de preconceitos. A noite também é uma boa aliada para nos inspirarmos; de fato, quase todos os artistas criam suas obras quando os demais estão dormindo. Então é compreensível que os adolescentes também manifestem suas virtudes nos momentos em que se sentem menos expostos e mais livres.

Por outro lado — funcionando contra o relógio —, conseguem formar seus próprios grupos com jovens tão ávidos de liberdade como eles, criando identidades em interesses comuns: a música, a astronomia, o teatro, os jogos eletrônicos, fãs clubes ou o que seja que os reúna.

Se nós, adultos, compreendêssemos que os adolescentes — não apenas querem, mas sobretudo devem — dormir de dia e estar ativos à noite, mudaríamos, pensando neles, os horários das escolas, das atividades esportivas ou artísticas. Ao invés de lutar contra eles e considerá-los preguiçosos por não acordar de manhã com entusiasmo, quanto nos beneficiaríamos se aceitássemos uma verdade tão simples e óbvia: os adolescentes precisam constituir-se em si mesmos. E para isso têm que estar fora do tempo dos demais.

AS VIAGENS INICIÁTICAS

Por volta dos 14 anos, Saturno está no céu a 180 graus em relação ao lugar em que estávamos quando nascemos. Em termos astrológicos, isto se chama "oposição ao Saturno natal". A partir desse momento, podemos observar "da calçada da frente" nossa realidade, mas, sobretudo, podemos ter uma maior perspectiva das figuras de nossos pais. Isso é fantástico. De fato, esta passagem evidencia o fim da infância e o prelúdio da adolescência, ou seja, o enlace entre a dependência de nossos pais e a lenta autonomia que vamos adquirindo para nos individualizar.

Esta necessidade vital de nos distanciarmos para obter uma perspectiva mais ampla do nosso lar e de nossas experiências infantis encontrou — ao longo da história da humanidade — um canal nas viagens iniciáticas. Hoje perdemos muitos rituais que davam forma e conteúdo a um período crítico como é a adolescência. Hoje os jovens — por falta de rituais coletivos — se embebedam e se acidentam dirigindo os carros de seus pais em alta velocidade, tentando se sentir valentes, maduros ou audazes. Mas são tentativas infrutíferas, porque os jovens acabam mais desorientados do que antes, sem o reconhecimento da sociedade, castigados e com menos independência que a esperada.

As viagens iniciáticas — presentes em quase todas as culturas — deveriam ter o aval da comunidade e ser consideradas como uma viagem com certos riscos, mas que, invariavelmente, acabará no crescimento espiritual dos jovens que a empreendem. Hoje em dia não se trata mais de se fechar na mata para encontrar espíritos maus com o objetivo de sobreviver a esses desafios para, finalmente, ser recebidos por sua própria comunidade entre celebrações e acolhimento.

No entanto, podemos realizar os mesmos rituais organizando viagens a outras regiões, aprendendo outras línguas, estudando ou trabalhando em lugares muito afastados do nosso próprio lar, em contato com outras culturas, outros sistemas políticos ou econômicos. Os adolescentes das grandes cidades poderiam experimentar os trabalhos agrícolas e, ao contrário, os jovens das zonas rurais poderiam se aventurar em territórios mais urbanizados ou com outras sutilezas.

Claro que estas viagens — geográficas ou apenas espirituais, que não requerem um afastamento radical de seus lares — se transformarão em testes que marcarão um antes e um depois em nossas vidas, à medida que provenhamos de lares onde recebemos suficiente segurança e bem-estar interior. Só então nos lançaremos em novas aventuras com a certeza interna de estar dando os passos necessários para nosso progresso psíquico. Entretanto, se nossas origens foram marcadas pelo desencanto e pela solidão, estas viagens iniciáticas se transformarão em precipícios pelos quais desceremos, ficando cara a cara com nossos próprios demônios. Por isso, nestes casos, é indispensável fazer estas peregrinações em companhia de verdadeiros mestres. Entendo que não é fácil **distinguir as diferenças entre mestres sábios e gurus**. Entre aqueles que têm sapiência suficiente para nos guiar ao interior de nós mesmos e aqueles que só se nutrem de nosso reconhecimento e devoção.

A monumental trapaça dos gurus é todo um tema a parte. Os gurus são pessoas necessitadas — em uma dimensão alarmante — de reconhecimento e suficientemente espertas para perceber o deslocamento emocional de muitos de nós como consequência de infâncias comoventes, violentas e desassistidas. Também têm habilidade para nos manipular, levando-nos a acreditar que encontraremos um território de pertencimento — à falta de território emocional materno quando éramos crianças —, se os seguirmos, os venerarmos, os adorarmos e os reverenciarmos com fervor. Por que nos sentimos bem escoltando-os? Porque em troca nos oferecem um lugar de pertencimento, embora ele não passe de uma ilusão. Simples assim. O desamparo emocional é tão frequente que qualquer indivíduo que nos convide a entrar em um ambiente fechado com promessas de salvação espiritual nos manterá subjugados.

Durante a adolescência, estamos tão ávidos por um pertencimento emocional, e contamos com tanta força vital e coragem para adentrar nos recantos mais profundos que é frequente que sejamos capturados por falsos gurus, manipuladores e sugadores da nossa potência e tenacidade. Entretanto, quando não há guias nem mestres verdadeiros, os gurus aparecem para substitui-los e mentindo sobre suas intenções. Por isso, para discernir se estamos sendo enganados por um falso guru ou se estamos diante de um mestre sábio, devemos apenas observar se esse indivíduo está centrado em suas próprias necessidades, se pretende ser reconhecido ou valorizado ou se está despojado de qualquer interesse pessoal.

A organização das viagens iniciáticas — com ou sem o acompanhamento de mestres — deveria ser de responsabilidade de toda a comunidade, que se comprometeria a criar novas modalidades para receber aqueles que estão deixando de ser crianças e estão capacitados a fazer parte da comunidade, incitando-os a descobrir, com valentia e otimismo, suas surpreendentes aptidões individuais.

A ATRAÇÃO SEXUAL
EM TODO SEU ESPLENDOR

O surgimento impetuoso do desejo sexual durante a adolescência confirma que estamos no meio de uma explosão, compatível com um segundo nascimento. O desejo ardente por outro envolve nosso devir cotidiano com um apetite incontrolável. Durante a adolescência, temos energia de sobra. Queremos amar, servir, acompanhar e acariciar o sujeito amado. Imaginamos cada pequeno acontecimento com ardor e estamos dispostos a entregar a vida por uma paixão fulminante.

Quando viemos de infâncias marcadas pela repressão, o autoritarismo ou a obediência, é provável que esta energia ardente se desvie para amores platônicos, nos assegurando o cumprimento de suas ordens decorosas, com a dor que lhe é intrínseca. Outras vezes, o desejo ardente aparece, mas logo nos vemos na obrigação de apaziguar nossos impulsos para não atentar contra a moral aprendida.

Também há realidades atuais impiedosas, quando os jovens sentem uma atração irrefreável por outros jovens do mesmo sexo e se veem na obrigação de reprimir, com um esforço sobre-humano, essa formidável potência amorosa. Efetivamente, esta certeza irreprimível do sujeito que deseja sexualmente surge durante a adolescência, período de maior liberdade de toda a vida dos seres humanos. Eles não podem impedir que o desejo se manifeste. Claro que depois poderão reprimir, esconder, negar ou sublimar, coisa que — lamentavelmente — será feita na maioria dos casos, para que possam ser aceitos em sua comunidade.

A pergunta é: para onde vai toda essa potência, energia, vitalidade, paixão e impulso que surge com a explosão da libido sexual e que não encontra uma via para se manifestar? E qual é o propósito de reprimir os jovens na época da vida de máximo esplendor? Creio que a resposta está no objetivo do patriarcado: quanto mais tolhermos, desde o berço, a liberdade de desejar de cada indivíduo, mais fácil será dominá-lo para sempre. Durante o ressurgimento dessa potência esmagadora, redobraremos o empenho de suprimir qualquer vestígio de apetite passional, até amansar todos os jovens rebeldes. Depois as conquistas — sobretudo na área do pensamento livre — serão facilmente estabelecidas.

Podemos imaginar um mundo construído por jovens que manifestem sua potência, sua liberdade, sua alegria de viver, sua sexualidade e seu desejo de fazer o bem sem limites, sem repressão, sem subjugar ninguém? Sem frear os impulsos vitais? Podemos imaginar um mundo no qual as relações amorosas não estejam baseadas no medo, nem no fato de se apropriar do outro para o próprio conforto? Como seria um mundo no qual os jovens, com frescor e alegria, pudessem amar sem limites, cheios de felicidade e contagiando uns aos outros com o prazer compartilhado? A vida, sem dúvida, seria uma festa. Então, por que os adultos desperdiçam energia e preocupações para reprimi-los, para mantê-los prisioneiros, para proibir que se relacionem com certas pessoas por motivos que nem sequer sabemos quais são?

As experiências de aproximação emocional e sexuais vividas em plenitude nos garantem para o resto de nossas vidas abertura de espírito, compaixão e solidariedade. Para as mulheres, são abertas as portas para futuros partos espontâneos e naturais, e, por sua vez, estas práticas inauguram nos bebês vidas mais confortáveis, seguras e prazerosas. Quero dizer que a sexualidade vivida com prazer e abundância vai ser responsável por espalhar riqueza e fertilidade no transcorrer de nossas vidas e nas vidas daqueles que nos cercam.

A REDE DE APOIO

Os adolescentes precisam ser cuidados? Sim, obviamente. Há cinco minutos eram crianças. Quanto mais amparados se sentiram durante a infância, mais longe poderão explorar na adolescência. Inversamente, quanto menos protegidos se sentiram, mais perdidos e desesperados ficarão, reclamando infantilmente uma montanha de necessidades não satisfeitas e fora da hora. Por isso, os adultos os consideram incompreensíveis: os pedidos são genuínos, mas fora da dimensão cabível.

Para os adultos, a adolescência de nossos filhos também é uma segunda oportunidade: eles receberão encantados os abraços, a escuta, a disponibilidade emocional, o contato corporal, a entrega, a admiração e o estímulo que talvez não receberam quando eram crianças. Ainda esperam por isso. Portanto, agradecerão com solidariedade e carinho qualquer gesto que nós, os adultos, lhes ofereçamos. Para que isso seja possível, só precisamos compreender que esses pedidos que parecem exagerados no corpo de um garoto que mede 1,90m ou de uma menina com seios robustos são legítimos, mas descentrados. Ou seja, foram demandas não respondidas tempos atrás e que ainda insistem em reivindicar. É indispensável que os jovens outorguem — alguma vez — um espaço razoável a essas necessidades que ainda esperam ser ressarcidas. Assim constatarão que não está errado se dormirem uma noite com uma jovem que já tem namorado, se é isso o que ela pede. Não apenas não está errado como logo se abrirá como uma flor recém-abençoada pela água da chuva.

Os adolescentes precisam — tanto como quando eram crianças — **ser apoiados**, pois a adolescência é o período no qual ensaiam formas de amar, testam seus recursos e aos poucos vão demonstrando a si mesmos se podem caminhar rumo a uma maior autonomia e individualidade, até chegar à maturidade e à independência emocional, com a qual atravessarão o resto de suas vidas adultas. Todo esse lapso de tentativa e erro merece acompanhamento, proteção e guia.

Também é verdade que durante esse ciclo os adolescentes escolhem outros adultos para que funcionem como guias, exatamente porque estão testando a vida e separando-se emocionalmente de seus pais. As figuras de "padrinho" e "madrinha", que hoje em dia estão desvirtuadas, têm como objetivo que exista um adulto maduro e amoroso dedicado ao jovem sem os temores legítimos que pais e mães conservam. Nós, que criamos crianças, achamos árduo observar seu crescimento. Por isso é tão interessante que outros adultos possam acompanhar o desenvolvimento emocional dos adolescentes em uma etapa tão crítica. A figura do verdadeiro **mestre** também é fundamental neste período. Alguém que compreende, conhece, pensa, sugere alternativas, ouve e transmite sabedoria com honestidade e compaixão. Às vezes, cabe aos pais procurar e encontrar bons mestres para que possam apoiar seus filhos com um pouco mais de objetividade do que eles mesmos. E a outros adultos cabe assumir um lugar de guia e liderança — seja espiritual, intelectual, moral, esportiva ou artística — para alentar os jovens a abrir as portas de seus próprios potenciais e — diante de um abismo ilusório — se atrever a voar.

A sexualidade

A FORÇA VITAL

O que é a sexualidade? É a força vital. É a libido. É o desejo de fazer o bem. É a exploração em direção ao mais além de si mesmo. É a energia que impulsiona para o destino. É o entusiasmo. É o amor.

E fazer amor com outra pessoa? É uma pequena parte dessa enorme porção de energia disponível. Por isso vamos **diferenciar a genitalidade da sexualidade**.

As crianças nascem sexualmente potentes. Basta observar uma criatura que mama nos peitos de sua mãe com uma energia impressionante, apaixonada e extasiada pelo prazer de todos seus sentidos, mas sobretudo entregue, confiante, ativa e envolvida. Muitas mães principiantes se espantam ao constatar que um bebê tão pequenino pode ter tamanha força física e colocar em jogo com tanta intensidade seus desejos e sua presença. Costumo caracterizar o nascimento como uma bomba que explode de alegria e prazer. De fato, todas as crianças que chegam ao mundo trazem esse impulso vigoroso e é essa força que vai lhes dar ânimo e frescor para viver a vida.

Como esperar que as crianças manifestem essa força vital, ou seja, essa sexualidade plena? É simples: tendo **acesso ao corpo voluptuoso de sua mãe**. Se pudessem, simplesmente, se movimentar em liberdade, entrar em contato com a ternura do corpo suave de sua mãe ou de qualquer outro adulto que as possam acolher com gentileza e delicadeza, elas simplesmente fluiriam espontaneamente.

O nome disso é **liberdade sexual**. É a alegria e a naturalidade com a qual expressamos fisicamente o nosso bem-estar, obtendo alegria e prazer.

No entanto, com a maioria de nós isso não aconteceu. Quando éramos bebês, passamos infinitos momentos pedindo para ficar nos braços da nossa mãe sem conseguir. Passamos muitas horas afastados, sozinhos em um berço ou em um carrinho. Pior ainda: suportamos passar noites sós e desesperados, ansiando por um contato apaziguador. Esse é o momento no qual começa a devastação da **repressão sexual**. Insisto: o fato de não ter livre acesso ao corpo de nossa mãe e a exigência de que nos adaptemos ao sistema dos adultos, baseados na quietude e no silêncio, é o começo **da repressão**. Durante toda a primeira infância — fase de máxima potência e esplendor —, teremos que nos abster de fluir ao ritmo de nossa vitalidade espontânea, reprimindo nossa alegria, deleite, prazer e entusiasmo pela vida.

Temos pouca consciência sobre os estragos — por serem frequentes, não lhe damos a importância que têm —, prejudicando assim a força vital de cada criatura mamífera humana. Esta repressão cotidiana da libido terá consequências devastadoras no futuro de cada indivíduo.

No entanto, as crianças tentam — ao longo de toda sua infância — ressurgir de alguma maneira com seu indomável desejo de ir mais além. De fato, as crianças se movimentam. E, paradoxalmente, nós, os adultos, pretendemos que as crianças fiquem quietas. Esse é um verdadeiro despropósito. Submeter as crianças à quietude também faz parte da repressão sexual que vai se manifestar ao longo de toda nossa vida futura. Consideramos "boazinha" uma criança que fica quieta, não incomoda, não pede, não deseja, não explora. E consideramos "terrível" uma criança inquieta e desejante.

A REPRESSÃO DA ENERGIA VITAL ATRAVÉS DOS CASTIGOS

Para este sistema de repressão, surge um recurso eficaz: os castigos físicos ou verbais. As punições, em qualquer uma de suas formas — desde as mais cruéis até as mais suaves ou moralmente aceitas —, têm o papel de **dominar a sexualidade das crianças**, para reprimi--las, amarrá-las, aquietá-las e lhes roubar qualquer indício de desejo ardente. Todos os seres humanos são convocados à alegria e ao prazer; e faremos o que for necessário para não sofrer padecimentos nem dores. Os castigos funcionam como as principais ferramentas da repressão sexual — porque ninguém quer sofrer —, então a adaptação ao desejo dos mais velhos acalma suas fúrias e nos salva do seu intenso desejo de vingança. Insisto que estamos falando da repressão da força vital em seu sentido mais amplo.

É provável que não cheguemos a vislumbrar a dimensão dos estragos da repressão da potência de cada ser humano, porque temos pouco acesso à história humana e só conhecemos o pouco que está descrito nos livros, ou seja, apenas os últimos séculos de domínio patriarcal, nos quais o domínio do forte sobre o fraco foi moeda corrente. Está evidente que, para dominar, temos que suprimir qualquer desejo pessoal, toda energia vital alinhada com a liberdade interna de cada criança. Se não permitimos que uma criança se expresse, se movimente, explore, manifeste suas capacidades físicas, intuitivas e emocionais, a teremos conquistado. Então, uma vez que a tivermos dominado, faremos com essa criança, adolescente, jovem ou adulto o que tivermos vontade. Assim funciona a civilização como a conhecemos hoje em dia.

Reprimir a sexualidade inata da criatura que nasce desejante nos garante que no futuro ela seja obediente e submissa. Despojada da própria sexualidade ardente, qualquer pessoa pode abandonar seus próprios desejos, desde os mais insignificantes até o interesse de continuar vivendo. No entanto, todos nascemos com uma força vital extraordinária; de fato, muitas crianças lutam ao longo de toda sua infância para manifestar os desejos, alegrias, anseios ou interesses que não conseguem apaziguar. É verdade que às vezes encontramos canais alternativos para expressar nossas aspirações, por exemplo adoecendo, agredindo, chorando, fazendo birra, se distraindo, se movimentando ou pedindo atenção com certa desmedida.

Por que algumas crianças resistem e outras se adaptam, atendendo às exigências autoritárias de quem as criou? Em parte, é misterioso. Talvez atendam a partir das energias que as constituem, e em parte se subordinam aos personagens que suas mães colocaram no cenário familiar. Mas tanto uns como outros sofrem as consequências. Aqueles que se adaptam e reprimem qualquer vestígio de desejo logo acharão complexo ir procurar essa faísca, esse fogo interno que não acabará enquanto estiverem vivos, mas que estará sufocado por ordens, discursos falaciosos e suposições que os manterão distanciados deles mesmos. Aqueles que resistem, à força de reações violentas ou lutando por suas inquietações, também costumam estar perdidos de seu desejo original e se confundem, acreditando que essas lutas ou essas reações permanentes atendem ao seu ser essencial, quando, na realidade, são apenas recusas infantis de cansaço e solidão.

A questão é que — ao chegar a adolescência — se pretendemos rever o acesso ao encontro amoroso com o outro, ensaiando vínculos íntimos e testando as vertentes do amor no qual a genitalidade vai estar presente, só teremos uma visão da realidade do que nos acontece se compreendermos o nível de repressão que minou nossa infância ao longo de todos esses anos.

ADOLESCÊNCIA: ENSAIO PARA OS ENCONTROS AMOROSOS

Não é verdade que a adolescência seja uma fase difícil ou uma dor de cabeça para os pais. Se tivéssemos tido uma infância cercada de amparo, proteção, sensibilidade materna, nutrição e companhia, a adolescência chegaria junto com o desafio tão esperado: o momento em que se abrem as portas do nosso lar e — confiando em nós mesmos — saímos para explorar o mundo mais além dos limites do nosso entorno imediato, com a possibilidade de sempre voltar para casa. Esta é a etapa prevista para o processo de tentativa e erro, é o momento perfeito para testar o funcionamento dos vínculos com nossos pares com a carga de intimidade emocional, sexual e também genital que sejamos capazes de manifestar.

O segredo está na estrutura emocional que fomos — ou não — organizando ao longo de nossa infância. Esse esqueleto espiritual depende da percepção e da proximidade afetiva que nossa mãe pôde manifestar conosco. Se as condições foram ótimas, não há ciclo vital mais excitante que este, porque — graças à explosão transcendental deste segundo nascimento — nos sobra energia, impulso, alegria, força física, ardor, excitação e entusiasmo. Vamos lá.

É uma pena que — em grande proporção — nossas infâncias tenham sido tão hostis, porque, ao chegar à adolescência, essa explosão de vitalidade é detonada por gatilhos equivocados. Se o cenário de nossa infância foi um ambiente violento, então essa energia acumulada lançará faíscas ferindo todos ao nosso redor. Não é difícil imaginar um ou uma adolescente brigando em turmas de arruaceiros, quebrando escolas, matando animais, criando inimigos ou maltratando seus semelhantes. Em vez disso, se o cenário da nossa infância foi sobretudo repressivo, militarizado e dentro de regras rígidas e autoritárias, então esse fluxo de potência nova e nutritiva será canalizado para o nosso interior pressionando para que não emerja, nos adoecendo, apagando com mais pressão qualquer indício de desejo, talvez usando substâncias que acalmem essa dor insuportável, minando nossa segurança afetiva e inclusive despertando fantasias suicidas.

É exagero? Não. A adolescência é, justamente, o período da vida no qual sobram forças. Se o sofrimento — consciente ou não — invade nossos sentimentos, disporemos do caráter necessário para resolvê-lo, de uma maneira ou outra. Usaremos o vigor nascente para encontrar os canais necessários, com o objetivo de sofrer menos. Qualquer meio será adequado, sem importar as consequências.

No entanto, se nossa infância transcorreu sem que fôssemos compreendidos nem acompanhados, a adolescência não poderá ser aproveitada para aquilo a que está prevista: o ensaio das relações amorosas, incluídas, obviamente, as amizades. Desperdiçaremos nossa vitalidade tentando sofrer menos.

O desejo sexual por um parceiro que se manifesta em todo seu esplendor lamentavelmente também será desviado para reduzir o sofrimento, em vez de nos abrir as portas para o amor. Sim, porque essa atração esmagadora por outro está prevista em nosso desenho original para nos levar a uma dimensão desconhecida, que é o **desejo ardente de fazer o bem**. Supõe-se que aspiramos a encher de felicidade essa pessoa que amamos, e esse desejo é incontrolável. Inclusive estamos dispostos a morrer por esse amor. É inexplicável, é imenso e, sobretudo, nos transcende.

No entanto, se não estivermos em condições afetivas baseadas na segurança interior para submergir na imensidão do altruísmo amoroso, então a atração sexual vai se transformar em uma experiência atormentada, desordenada e indomável. Inclusive nos sentiremos atravessados por sentimentos violentos, implacáveis e desmedidos, nos quais se misturam vislumbres de atração com muita raiva e dor.

Nessas circunstâncias, embora façamos sexo com um parceiro, há mais descarga de fúria do que encontro, há muito mais rancor do que desejos de fazer o bem.

Se o ato físico é desolador ou agressivo, achamos que se trata de paixão. Mas isso é um mal-entendido. Não está amorosamente apaixonado quem usa a força física para o contato sexual com o outro nem quem descarrega suas fúrias no corpo alheio, mas quem vive em estado de graça, submerso em uma felicidade permanente que não tem limites nem explicações racionais.

Se vivemos a adolescência em meio a estes desencontros de almas, à medida que vamos crescendo e entrando na vida adulta as coisas não melhoram, porque nossos parceiros sexuais provavelmente vão se desencontrando de si mesmos com a mesma ignorância e a mesma superficialidade que nós. As diversas experiências de contato sexual nos fazem acreditar que estamos treinados para a arte do encontro; no entanto, não aprendemos quase nada: apenas exercitamos certas condutas para mentir melhor, seduzir com alguns recursos pouco criativos e obter do outro um pedacinho de alimento sensível, que acalma por um tempo nosso coração.

A ENTRADA NO CAMINHO DO AMOR

A sexualidade é um veículo extraordinário para ir ao encontro do ser essencial do outro, desde que estejamos em comunhão com nosso próprio ser. A sexualidade não tem a ver com a destreza física, nem tem um objetivo tão insignificante como a simples descarga física. Pelo contrário, é um recurso espiritual para o encontro humano entre almas que estão em busca da grandeza.

É extraordinário constatar que não podemos administrar nosso desejo sexual com o ego. Pelo contrário, é ingovernável. O desejo sexual é irracional, poderoso e irrefreável. De fato, faz o que quer, não entende de moral nem de obrigações nem de posturas ideológicas ou religiosas. O desejo sexual se manifesta mais além de nossas decisões pensadas e traça seu próprio caminho. Neste sentido, o desejo sexual volta a nos abrir as portas de nossa própria natureza, perdida quando tentávamos obedecer a ordens estúpidas. É um novo chamado. É uma nova oportunidade.

Ora, o desejo sexual que aparece irrefreável na adolescência e juventude, não tem como objetivo amar um determinado indivíduo; **é a entrada para o caminho do amor ao próximo**. Ao desejar, impetuosamente, nos fundirmos com a alma do ser amado, estamos dispostos a nos entregar sem limites ao Todo.

A prova de que a sexualidade é um caminho possível — entre outros — para a união com o Todo é o orgasmo; não me refiro, insisto, na descarga física e, sim, a esse instante sublime no qual, às vezes, algumas pessoas, na intimidade emocional compartilhada com o ser amado, se libertam do seu personagem, do seu papel, dos seus pensamentos, de suas ideias, de suas opiniões, de suas necessidades físicas... e simplesmente soltam as amarras e se entregam de corpo e alma a essa corrente de amor que as ultrapassa como uma onda gigante, arrastando-as a uma imensidão amorosa que as envolve e as lança em uma outra, ainda mais potente e infinita. O orgasmo físico, emocional e espiritual acontece quando estamos em uma consonância harmônica de ressonância universal. É a experiência concreta de união com tudo o que existe.

No entanto, normalmente estamos fora do tom em todas as áreas de nossa vida. Esse sistema dissonante leva adiante nosso personagem — em seu afã de sobreviver ao desamor. Não nosso ser essencial, porque todos chegamos ao mundo em um alinhamento perfeitamente harmonioso, mas nossas experiências de desamparo durante a infância nos obrigaram a desestruturá-las. Pois bem, o amor e o orgasmo nos permitem ingressar novamente na afinação harmônica do universo.

A sexualidade é uma das muitas expressões do amor entre os seres vivos. Claro que precisamos do corpo material para transitá-la, embora o fio invisível que transmite a intensidade do encontro dependa mais da capacidade de abertura espiritual que do funcionamento corpóreo.

O orgasmo feminino — esse momento sublime de compreensão absoluta — pode ser abordado em diferentes níveis. Claro que o prazer físico é a parte mais óbvia de analisar. No entanto, vale a pena perceber que o orgasmo acontece no centro do útero, onde uma vibração similar à das águas-vivas se abre e se fecha espasmodicamente, provavelmente atraindo os espermatozoides para o delicioso néctar dos óvulos. Por isso, sabemos que os orgasmos são fecundantes e que — mesmo com as tecnologias mais avançadas — ainda é muito difícil conseguir a concepção de embriões, justamente porque não intervêm nos tremores de êxtase presentes nos encontros amorosos.

O orgasmo masculino se confunde mais entre a descarga física e a distância que os homens costumam estabelecer entre si mesmos e as próprias manifestações. Essa confusão os deixa perdidos, embora quando encontram uma mulher em eixo consigo mesma, eles possam entrar em seu próprio alinhamento emocional através de uma mulher que os coloque em sintonia.

É uma pena que no seio de nossa civilização, fartos de repressão, falsas morais, ignorância e arbitrariedade, nós, indivíduos, marginalizemos a vida sexual em um pequeno espaço de prazer físico, quando é uma porta imensa que se abre de par em par cada vez que pretendamos nos aprofundar com benevolência no vínculo com outro. A possibilidade de estabelecer sexualmente uma profunda intimidade espiritual com outro ser pertence ao âmbito das experiências místicas, aquelas que nos devolvem uma dimensão delicada e sensível da nossa realidade, no aqui e agora.

Por isso, insisto que a felicidade de ver fluir a nossa sexualidade se estabelece na primeira infância. Se tivéssemos vivido a fusão amorosa e insondável com nossa mãe, todos os encontros posteriores ao longo de nossa vida seriam íntimos, com contato genital ou não. Não nos veríamos obrigados a procurar formas autorizadas para expressar nosso amor; nosso amor estaria presente em qualquer contexto. Não importaria em nada a forma e, sim, o conteúdo. Não existiriam discussões sobre o permitido ou o proibido, sobre o certo ou o errado. Simplesmente espalharíamos bondade, generosidade e benevolência.

SEXUALIDADE LIVRE OU CASAMENTO

Este é um terreno espinhoso. Os preconceitos, os preceitos e as crenças baseadas no medo fizeram tantos estragos em nossa condição humana que, mais uma vez, recorro à observação do desenho original do mamífero humano para limpar nossos pensamentos de tanta impureza acumulada.

Vimos que a sexualidade é a expressão da força vital. E que uma das suas manifestações possíveis é a atração sexual pelo parceiro. Essa atração é inata, ou seja, relativa à espécie. Acontece com todo mundo e não podemos dominá-la. Não depende de nossa cultura nem de nossas escolhas. De fato, é usual que nos atraia sexualmente alguém absolutamente inconveniente, distante ou inapresentável. Está evidente que a atração sexual está presente para garantir a continuidade da espécie.

A repressão dos impulsos vitais foi espantosamente freada, especialmente sobre as mulheres, mas com especial crueldade sobre homossexuais. Quero dizer que, durante séculos de proibição e condenações, nenhum indivíduo homossexual decidiu sê-lo. Teria preferido que lhe tivesse acontecido o que acontece com a maioria, ou seja, a atração por alguém do sexo oposto e assim viver em paz. No entanto, a atração sexual é algo que acontece. Há uma infinidade de provas que permitem afirmar que não temos poder de escolha em relação à atração sexual, e sim que esse estímulo passional decide livremente.

A atração sexual tem duas características: é intensa e curta.

Se pudéssemos observar o funcionamento da atração sexual sem todos os condimentos repressivos, constataríamos que quando acontece é veemente, impetuosa e tenaz. E que não dura para sempre, ao menos não vinculada à mesma pessoa. Esta é uma observação simples do ser humano. Se vivêssemos em uma civilização livre, solidária, comunitária e ecológica, o exercício da liberdade sexual faria parte da nossa maneira de viver.

No entanto, desde cerca de 5.000 anos atrás, foi ganhando preponderância o patriarcado como sistema civilizatório, baseado na submissão do mais fraco ao mais forte. O que mais se queria dominar eram, obviamente, as terras férteis, para produzir alimentos. Se a terra deixou de ser de todos para ser dos conquistadores, tornou-se necessário idealizar um regime de apropriação. A partir de então, a terra se transformou em propriedade de alguns indivíduos mais poderosos que, para trabalhá-la e conservá-la, precisaram se apropriar dos filhos, que depois herdariam essas terras. Para que esses filhos fossem legalmente próprios, era indispensável que se apropriassem das mulheres que os concebiam. E para estar seguros de que estes filhos haviam sido concebidos por eles, era indispensável reprimir suas mulheres para impedir qualquer vestígio de atração por outros homens, caso contrário toda a estrutura desmoronaria.

Assim foi inventado o casamento: o melhor instrumento para controlar o patrimônio.

A Igreja Católica estabeleceu um dos mecanismos mais importantes que o patriarcado teve para reprimir sexualmente as mulheres ao extremo, de maneira tal que não aflorasse nenhum vislumbre de desejo ardente e que as mulheres se dedicassem a cumprir com suas obrigações matrimoniais e engendrando filhos legítimos, ou seja, herdeiros. Se as mulheres congelarem seus corpos e suas emoções, e se considerarem pecaminosos seus ciclos vitais de ovulação e menstruação, não farão nada além do que responder aos desejos do homem procriando os filhos que perpetuarão seu legado. Todo esse assunto é conhecido.

Quando, na história recente, este sistema começou a ficar insustentável, inventamos o amor romântico para estimular os casamentos. Milhares de filmes, contos, histórias, lendas e aventuras para nos iludir com um matrimônio eterno e até a morte.

O problema é que até agora não consideramos o amor. O que é o amor? É o sentimento benevolente pelo outro. O amor surge espontaneamente em uma mãe que pariu em boas condições seu bebê, desejando todo o bem ao recém-nascido, sem querer nada para ela. Se isso aconteceu de verdade, depois este bebê, protegido e amado, ao chegar à idade adulta estaria em condições de amar a quem fosse, sempre a favor do outro e sem esperar nada em troca.

Mas nós mesmos somos capazes de amar assim, despreocupadamente e sem pedir nada em troca? O que acontece com frequência quando somos jovens ou adultos? Costumamos dizer que "estamos apaixonados". Estar apaixonado não significa que estamos amando o outro. Por isso é uma expressão equivocada. Teríamos que dizer que sentimos uma imensa atração sexual pelo outro. Efetivamente, é uma sensação poderosa, espontânea, livre, atrevida e vivaz. Não conseguimos nos conter. Mas amar o outro é outra coisa. Inclusive, podemos amar sem ter atração sexual. Todos sabemos disso porque amamos nossos filhos, nossos irmãos, nossos amigos e nossos bichos de estimação. O que é — então — o amor romântico? O denominamos assim quando está incluído o desejo sexual pelo outro.

Quando nos apaixonamos é porque há atração sexual. Muito bem. Portanto, decidimos nos casar supondo que isso que nos une — com frequência apenas a atração sexual mútua — continuará para sempre, já que ambos prometemos que isso aconteceria. Reitero que a atração sexual é — por definição — poderosa e curta. Portanto, em breve, não sentiremos o mesmo ímã misterioso que nos cativava até pouco tempo. Por acaso, acabou o amor? Não. Nunca houve amor. No melhor dos casos, houve momentos compartilhados, projetos ou ilusões.

Tudo isto se manifesta cruamente nos casais quando nascem os filhos em comum. Se as mulheres decidem se entregar afetivamente a seus filhos, toda a libido se desloca para a maternidade: amamentar, nutrir, cuidar, proteger, amparar e abrigar a criança. Logicamente, durante um lapso de tempo bastante prolongado, não terão energia complementar para fornecer ao parceiro sexual e, equivocadamente, essa realidade é vivida como "desamor" pelo casal. Acreditamos que se não há desejo sexual, o amor acabou. No entanto, tudo isto é um enorme mal-entendido, que a história do amor romântico do casamento se obstina em instalar.

Por que isso acontece conosco? Acontece que os matrimônios estão submetidos à fidelidade sexual mútua, coisa que só é possível com altas doses de repressão, portanto é um sofrimento inútil. A sexualidade é livre por definição. Provavelmente seja um dos recursos mais autônomos e desenvoltos de nossa humanidade, já que não entende de razões nem de conveniências. Se estamos obrigados a reprimir uma das expressões mais formidáveis do nosso ser, nunca poderia se constituir em um ambiente de amor nem compaixão. Aí há uma contradição.

Teríamos que imaginar as relações amorosas sob outros acordos sustentáveis e alinhados com nossa ecologia pessoal, em vez de continuar mantendo-os. Claro que é possível amar alguém para sempre, inclusive até que a morte nos separe; no entanto, essa construção amorosa teria de ser sólida e baseada no desejo de encontrar conforto e bem-estar, uns e outros, em qualquer circunstância.

O que podemos fazer para amar? Isso sim é importante. Se não fomos suficientemente amados quando éramos crianças, teremos que exercitar o fato de dar prioridade ao outro, ter sempre pensamentos benevolentes para o outro, estar disponíveis para o outro, ajudar e cooperar com o outro, deixando de lado os cálculos infantis a respeito de que cotas de amor recebemos. Receber amor era importantíssimo quando éramos crianças. Ao chegar à idade adulta, não importa mais o que recebemos, e sim o que damos. Se amassemos o outro seriamente, compreenderíamos suas buscas, suas carências, suas explorações e sua própria liberdade. Pelo contrário, não estaríamos esperando que compense todo nosso buraco vazio emocional. A ternura, o carinho, a disponibilidade, o diálogo honesto, as ajudas e a intenção permanente de ajudar o outro sustentariam as relações de amor verdadeiro.

Todos sabemos que os casamentos costumam virar — com inusitada frequência — um refúgio hostil, mais que um ambiente de amor. É simples de constatar durante os divórcios violentos e controversos: se queremos infligir tanto mal a quem algum dia foi nosso par, é porque nunca o amamos. Talvez tivemos uma atração sexual descomunal, mas isso é outra coisa.

Acontece que os casamentos foram concebidos para proteger patrimônios, não para amar. Por isso fracassam. Às vezes, os casais terminam em separações cruéis, outras vezes continuam suportando os maus-tratos e o desprezo mútuos. E, em outras ocasiões, sobrevivemos graças às infidelidades sexuais vividas com culpa, mas que não são outra coisa senão drenagens do poder que nos mantém presos em uma mentira monumental.

No entanto, o verdadeiro drama não é se a atração sexual encontra um meio ou não, se temos experiências com muitas pessoas, com poucas ou com uma só. A sexualidade genital é uma área estupenda para brincadeira, prazer e alegria, que muitos de nós experimentamos alguma vez. No entanto, o mais difícil de se conseguir é a manifestação do amor em sua imensa entrega e generosidade.

Se a prioridade fosse amar, não importaria o casamento nem os interesses pessoais nem a segurança financeira nem os bens materiais nem as propriedades. Compreenderíamos que os filhos tampouco nos pertencem, nem merecem ser usados como reféns de lutas disparatadas. Conceberíamos então o amor livre, porque amar é amar, sem que ninguém se transforme em propriedade de ninguém. Pelo contrário, amando nos sentiríamos abençoados por uma imensa capacidade doadora.

COMO LIBERAR NOSSA LIBIDO SE NÃO TIVEMOS EXPERIÊNCIAS AMOROSAS NA INFÂNCIA?

Fazendo o bem.

Organizando os pensamentos benevolentes que dirigimos ao nosso próximo, seja quem for.

E controlando os sentimentos bondosos e amorosos que dedicamos ao outro.

O mal-entendido habitual é supor que se somos poucos passionais, se não desfrutamos do sexo, se nos sentimos distanciados do nosso companheiro ou se preferimos viver sem contato genital, teríamos que consultar um sexólogo ou então ter alguma aventura que nos excite. Outro equívoco frequente é considerar que temos que nos ocupar mais de nós mesmos. No entanto, esse alinhamento com nós mesmos que perdemos durante nossa infância à força de repressão, abandono emocional, autoritarismo ou rigidez não se resolve dando a nós mesmos isso de que precisamos e sim pelo contrário, agindo a favor de outro.

O poder do desejo de fazer o bem e a ação que efetivamente move a energia dentro do interesse genuíno que temos pelo outro serão o motor para reavivar a chama do nosso fogo interno. E, se esse desejo introspectivo avançar à medida que se produz o encontro afetivo com o outro, espontaneamente irá progredindo até que comecemos a sentir um entusiasmo profundo. A faísca foi acesa. A partir desse instante, trata-se apenas de permitir que o fogo se espalhe. Quando estamos apaixonados, nos lançamos a viver com toda nossa força vital seja o que for que desejemos. Então, a libido, a energia sexual, a alegria e o fato de fazer o bem serão uma mesma coisa.

A violência

AS PRIMEIRAS BATALHAS

Nascemos. Alinhados ao nosso desenho original, não concebemos outra realidade além de estar grudados ao corpo da nossa mãe. No entanto, isso não acontece. Flutuamos no ar, nos movimentamos até que nos chocamos contra a borda do berço, choramos avisando que estamos sozinhos, mas o corpo suave e rítmico de nossa mãe não aparece. Essa experiência de solidão, vazio e pavor é um *continuum* interminável, não apenas quando não podemos nos deslocar com autonomia, mas inclusive mais tarde e sob diferentes formas, ao longo de toda nossa infância.

A hostilidade que sentimos por não obter os cuidados e a proteção de que necessitamos gera reações semelhantes de dor, raiva, ira, agressividade e desencanto. Esse é o **berço da violência**. Todos nascemos bons, amorosos e delicados; no ventre materno não existia o abandono nem o desamparo, mas, assim que nascemos, deixamos de ser acolhidos. Por isso, a violência começa na inconcebível ausência amorosa quando mais precisamos dela e em nossa posterior reação desesperada.

De nossa parte, nós, mães, viemos de experiências infantis assustadoras, embora não guardemos recordações consistentes. Embora tenhamos crescido, esperamos ainda ser ressarcidas por alguém: nossa própria mãe, nosso companheiro ou companheira, nosso empregador ou nossos governantes. Alguém que nos abrace e afaste com carinho todas as nossas angústias. Não contamos com sobras emocionais suficientes para nos entregarmos às necessidades extraordinárias de nossa criança, já que as primeiras necessitadas somos nós mesmas.

Assim começa a primeira batalha: entre as necessidades da criança real e as necessidades — deslocadas, ou seja, antigas — das mães. Obviamente, encontraremos facilmente alianças em nosso entorno. Não apenas visitaremos um pediatra que nos garanta que a criança precisa de limites (embora só tenha quinze dias de vida!); também estarão disponíveis vários conselhos escritos em diversos livros e revistas sobre comportamentos, problemas frequentes com as crianças, sobre o que toda mãe deve saber e como criar crianças saudáveis, felizes e, sobretudo, bem comportadas. Há uma infinidade de conselhos disponíveis para acalmar as mães e deixar fora do jogo os bebês, já que todos somos ignorantes a respeito de nossa própria natureza.

Este sistema automático de **dominação do mais fraco** está tão arraigado em nós que não percebemos o sofrimento que ele implica. De fato, dificilmente vamos encontrar alguma voz sábia que nos aproxime a voz do nosso filho. Alguém que nos ajude a interpretar o que a criança pede. Alguém que nos questione para rever o verdadeiro sentido desta luta emocional que estamos levando a cabo com enorme sofrimento.

Ainda por cima, não se trata de ter boa vontade para nos ocuparmos de nossos filhos, e sim de nossas experiências primárias que se atualizam com a presença da criança. Reitero que a maneira como vamos perceber internamente a presença de nosso bebê interagindo conosco depende da **realidade que experimentamos quando éramos crianças**. Com frequência, essas vivências foram aterrorizantes. Por outro lado, poucas vezes passamos por um processo honesto e profundo de indagação para ter uma compreensão realista e diferente do enredo familiar, portanto é pouco provável que reconheçamos a luta que nossa própria mãe travou conosco quando éramos crianças. Apenas com a presença de nossos filhos podemos confirmar as batalhas que ocorreram entre nossas mães e nós mesmas. Viemos da guerra e perpetuamos a guerra de desejos não atendidos.

Insisto que as mães — com nossos próprios traumas — somos quem sustentamos as lutas emocionais, tentando expulsar a criança do território emocional, porque precisamos nos nutrir em primeiro lugar. A primeira manobra é não dar crédito ao que acontece com ela. Como não fala, podemos interpretar livremente o que quisermos. Chamaremos qualquer pedido de capricho ou falta de limites. A incompreensão em relação à criança aumentará enquanto depreciarmos qualquer manifestação legítima.

Deste lado do campo de batalha, nós, pais, acreditamos estar fazendo o melhor para a criança. Nós a estamos educando para que aprenda a se comportar bem. Do lado do campo de batalha das crianças, elas se sentirão cada vez mais sozinhas, aumentando a distância entre sua própria natureza e seu entorno imediato.

As crianças pequenas têm necessidades viscerais urgentes e imediatas, e confiam que suas mães, fusionada com elas, percebam e compensem. Se isso não acontece, a desilusão e o desencanto acabarão com suas esperanças de se sentirem bem. As crianças não sentidas, não satisfeitas, não acompanhadas e não compensadas subsistem no seio de uma batalha entre dois desejos irreconciliáveis: ou vence a mãe ou vencem elas. Esta luta por satisfazer necessidades básicas as obrigará a colocar em ação **mecanismos de sobrevivência**. Sim. Estamos falando de **violência**. É assim que nasce a violência no mundo.

A violência é instalada por nós, adultos, à medida que não estamos dispostos a compartilhar nossos territórios afetivos com as crianças pequenas sempre que elas pedem. Temos medo de abrir as portas de nossos refúgios amorosos porque já fomos bastante feridos quando nós mesmos éramos crianças. E assim, em um encadeamento transgeracional, rejeitamos as crianças pequenas tanto como fomos rejeitados por nossas mães, acreditando que ainda temos que lutar para nos sentirmos seguros.

É possível mudar? Claro. Uma forma viável de abordar nossa realidade real e compreender a lógica de nossas inabilidades na hora de nos entregarmos amorosamente é mergulhando no processo da **biografia humana** — com suficiente coragem e com um *behacheador* (assim são chamados os profissionais que usam o sistema da biografia humana) atento às fugas da psique. Depois de passar por esse abismo e recuperar o ânimo, reconheceremos que uma coisa é o que aconteceu conosco e outra é que hoje atualizemos esses sentimentos que já não estão operando agora no presente. Então talvez admitamos que não é a criança que nos fagocita e, sim, que se trata da nossa própria experiência infantil, ao não ter treinamento para viver com o outro no mesmo circuito afetivo.

É indispensável que em algum momento compreendamos a diferença entre o passado e o presente, se pretendemos seriamente acrescentar nosso grão de areia para acabar com tanta violência, tanta agressão e tanta indiferença neste mundo. A guerra emocional com nossos filhos pequenos é o começo de todas as guerras que travaremos no futuro.

O BERÇO DO EGOÍSMO

Todas as formas de violência, passivas ou ativas, concretas ou sutis, são geradas a partir da falta de "maternagem", ou seja, como consequência da carência de atenção, amor, colo, altruísmo, generosidade, compreensão, percepção sensorial, fusão emocional, leite, corpo, olhar e apoio recebidos — ou não — de nossa mãe ou da pessoa que cumpre o papel de mãe desde o nascimento e durante toda nossa infância.

A princípio é difícil oferecer o que não possuímos, e esta é uma realidade que se perpetua de geração em geração. Se não recebemos atenção suficiente quanto às nossas necessidades subjetivas como criaturas humanas, esse vazio logo se transformará em uma impossibilidade de amar generosamente o outro. Não saberemos avaliar, compreender, nos solidarizar, nem acompanhar espontaneamente outras pessoas porque estaremos preocupados em sobreviver, ou seja, em procurar recursos que nos acalmem, nos protejam e nos preservem. Com certeza este também é o **berço do egoísmo**, porque se, desde pequenos, temos que nos salvar primeiro de qualquer hostilidade, é provável que a sensação de estar sempre em perigo quando não socorremos primeiro a nós mesmos esteja gravada a fogo em nosso interior.

As pessoas usam diferentes mecanismos para alcançar a sobrevivência emocional, que sempre serão a seu favor e em detrimento do outro. Isso se chama violência. E é assim que se **perpetua a violência no mundo**. Para que percebamos como geramos estes mecanismos, é pertinente percorrer a **biografia humana** completa de cada um de nós até compreender quais foram os mecanismos aprendidos em cada família.

A **violência ativa** é a mais fácil de detectar, porque o impulso automático para começar a brigar e sermos imprudentes provavelmente foi incentivado em nossos próprios lares. Se conseguíssemos que outras crianças nos temessem, já estávamos a salvo. Por outro lado, a fúria acumulada em anos de desatenção também pode encontrar na confrontação o canal perfeito para ser drenada.

Claro que seria tolo afirmar que a criança não tem razão ao se irritar, agredir, se desesperar, gritar ou maltratar alguém. Só devemos admitir que cada criança está tentando **sobreviver ao desamor**, confirmando os pedidos desesperados que vem gritando desde que chegou ao mundo sem receber aquilo de que estava precisando.

Quando somos adultos e revemos nossas infâncias com honestidade, não há mais nada a ser ajustado com nossa mãe real, e sim com a mãe interior que vive em nossas entranhas, e que mantemos bem viva para que nos permita continuar nos irritando com o mundo inteiro. Se manifestamos nossa identidade na agressividade constante e nos relacionamos com nosso entorno através dos conflitos, é hora de nos darmos conta de que esse sistema que nos salvou no passado não nos serve mais. Agora não há nada lá fora que seja a causa dos nossos problemas.

A violência passiva compartilha do mesmo ponto de partida: nascemos com uma abundância de necessidades impostergáveis que não foram satisfeitas por nossa mãe. Acontece que às vezes, à medida que alguém **nos machuque**, encontramos uma maneira sutil de reclamar o olhar e a proteção. Se o sistema funciona, logo o reproduziremos. Como? Colocando-nos no lugar e no espaço perfeitos para nos transformarmos no depositário da fúria do outro.

Estes mecanismos são difíceis de detectar porque somos pessoas boníssimas. No entanto, usamos recursos sutis, como menosprezar, negar, humilhar, ser indiferente, subestimar, desvalorizar ou ignorar o desejo do outro, até conseguir que esse outro se violente. Quando em um vínculo afetivo só há lugar para o desejo de um, **há violência**. Não importa quem tenha razão. Só se trata de perceber a luta surda e permanente para dominar com o próprio desejo o território do desejo do outro.

Existem inúmeras engrenagens de sobrevivência. À medida que obtenhamos — mesmo que ilusoriamente — reconhecimento e carinho, não hesitaremos em usar nossos recursos. A manipulação, as doenças, as depressões, as obsessões, os vícios, o controle, os desejos compulsivos, a rigidez, o autoritarismo, os abusos emocionais... todos respondem a mecanismos inconscientes que nos permitiram sobreviver no passado e que hoje automatizamos ao nos vincular com os demais. Esses conceitos estão amplamente desenvolvidos em meu livro *Adicciones y violencias invisibles*.

PATRIARCADO E VIOLÊNCIA COM AS CRIANÇAS

As preocupações que todos compartilhamos a respeito da violência no mundo: guerra entre países, delinquência, roubos, assassinatos, corrupção, batalhas políticas, violência de gênero, *bullying* nas escolas, matanças e genocídios, mostram, obviamente, que esta civilização perdeu o rumo da humanidade. No entanto, observamos apenas as consequências dos fatos, ao invés de contemplar a totalidade dos acontecimentos.

Se examinássemos os ciclos completos, constataríamos que a gênese da violência se origina em **um adulto que a exerce contra uma criança**, em uma relação desigual e injusta. Depois, essa criança reproduzirá o que viveu, transformando-se em um jovem ou adulto que também praticará sua violência sobre alguém mais fraco, em um circuito interminável.

O surpreendente é que a violência sobre as crianças foi banalizada. Ninguém se escandaliza quando nós, os adultos, gritamos com as crianças na rua, na presença de todos os transeuntes. Nem quando as castigamos, nem quando as esbofeteamos, nem quando as humilhamos. Pelo contrário, concordamos que as crianças precisam ser consertadas. Como se tivéssemos nascido maus (uma péssima interpretação do pecado original) e, graças à educação, às penitências e à disciplina ferrenha, conseguimos corrigir essa maldade inata.

As escolas, as famílias, as igrejas, os clubes e todos os ambientes comunitários estipularam algo que é simplesmente errôneo: que as crianças nascem imperfeitas, inadequadas, inapropriadas ou defeituosas. Eis um dos conceitos mais equivocados que o patriarcado conseguiu impor e que ainda continua gerando estragos sobre milhões de crianças que continuam nascendo perfeitas, boas e bondosas.

Se não decidirmos — cada um dos adultos — perceber em cada gesto malicioso dirigido às crianças, o desprezo e a violência triviais que usamos para nos vincular, e se não tentarmos mudar seriamente nossas atitudes cotidianas, abandonando os insultos e ampliando nossa empatia e compaixão, não conseguiremos instaurar um futuro em paz. Insisto que não é possível abordar seriamente os problemas da violência no mundo se não desmontarmos minuciosamente cada atitude cotidiana de desprezo, menosprezo, desdém e maltrato dirigida às crianças, vulnerando a maravilhosa capacidade de amar, a sensibilidade e a ternura que trazem com elas, recordando-nos a humanidade que perdemos.

ERROS CONCEITUAIS SOBRE A VIOLÊNCIA DE GÊNERO

Hoje está na moda o conceito da luta contra a violência de gênero. Reitero que qualquer luta é estúpida, porque lutando geramos aquilo que supostamente pretendemos anular: a guerra, a desigualdade e a injustiça. O que hoje chamamos de "violência de gênero" se baseia em uma visão muito tendenciosa da realidade. Claro que é horrível que um homem bata em uma mulher. É óbvio que é um crime que um homem assassine uma mulher. Mas não é verdade que a violência acontece porque um é homem e a outra é mulher e, sim, porque ambos construíram a relação — claro que sem consciência, sem recursos, sem compreensão, sem ferramentas vinculares — com base em suas respectivas experiências infantis, que logicamente estiveram carregadas de maltrato, humilhação, solidão e desprezo, no mínimo. Então, os homens e as mulheres, dando vazão a seus diferentes mecanismos de sobrevivência infantil, tentarão se apropriar do maior conforto possível em detrimento do que o outro consiga para si.

A violência de um homem adulto contra uma mulher adulta é muito diferente da violência do adulto contra uma criança. No caso dos adultos, há paridade. Claro que o homem tem mais força física do que a mulher, mas, para chegar a esses níveis bestiais de violência, previamente ambos usaram diversas estratégias para se salvar e ferir o outro. Sei que é controverso e politicamente incorreto comparar as semelhanças entre uns e outros, mas acontece que usualmente só levamos em conta a última cena de um filme que arrasta muitos anos de desencontros, mentiras, segredos, manipulações, agressões, menosprezo e tensões, que fazem parte de relações afetivas que, provavelmente, nasceram no desacordo, continuaram no desacordo e acabarão, com maior ou menor crueldade, no sofrimento de ambos.

O começo do drama dos casais violentos reside nas infâncias de ambos e na continuidade desses estilos vinculares que aprenderam quando eram crianças e que — tristemente — perpetuamos porque assim é o amor que conhecemos. Muitos anos depois, quando nossas vidas transcorrem na trivialidade do maltrato cotidiano, — quando não há consequências visivelmente devastadoras, — nos manteremos no fluxo ordinário. No entanto, se alguma vez a escalada da violência aumentar mais do que o previsível e a mulher acabar inquestionavelmente ferida, só então rasgaremos as fantasias, proclamando que é necessário combater a violência de gênero. Cedamos a hipocrisia para os ignorantes. Estivemos excessivamente cegos, às vezes até participamos e incentivamos o descrédito ou a humilhação de quem logo procurará uma oportunidade para se vingar.

Os circuitos de violência costumam funcionar em espirais crescentes. Talvez nas primeiras curvas os incidentes não apareçam com tanta clareza, mas à medida que aumenta a magnitude de frustrações e dores antigas, indefectivelmente a barbárie de toda a raiva acumulada explodirá.

Entendo que o obstáculo para perceber a violência — também perpetuada pelas vítimas adultas da última cena — reside em que aparentemente não fizemos nada. Caso contrário, exibimos as feridas, os prantos e o sofrimento. Mas é hora de aprender a observar os cenários completos, com toda a dor que carregam.

Todos fomos vítimas do desamor quando éramos crianças, portanto fomos vítimas da violência. Mas, quando nos tornamos adultos — tendo aceitado nossos próprios mecanismos de sobrevivência como consequência da hostilidade recebida quando dependíamos do cuidado e da proteção dos mais velhos —, não somos mais vítimas: participamos desses circuitos de violência que conhecemos e os incentivamos porque nos sentimos como se estivéssemos em casa, embora não tenhamos consciência disso.

REDES SOCIAIS: A HOSTILIDADE NO ANONIMATO

A navegação virtual se transformou em uma nova trincheira: uma vala na qual podemos nos proteger de qualquer violência recebida — da qual não temos registro —, enquanto apontamos nossas armas para qualquer um com o único objetivo de drenar essa fúria que nos corrói.

As redes sociais permitem que nos manifestemos sem nos exibirmos, participar sem nos responsabilizar e, sobretudo, expulsar com veemência toda a dor guardada, toda a repressão contida. A quem ferimos? Qualquer um. Justamente, quando éramos crianças todo o nosso universo era a mãe. Se a mãe nos feriu, todo o universo nos agrediu; portanto, qualquer indivíduo, artista, jornalista, instituição ou organismo pode virar um inimigo contra o qual lutar.

A violência verbal, as explosões e as grosserias que circulam nas redes sociais revelam nossa realidade emocional. Milhões de usuários descarregando sua raiva contra adversários incertos são uma demonstração de quanto sangram nossas feridas, mas também revelam como é pouca a consciência que temos sobre quem nos fez sofrer de verdade. De fato, nossos padecimentos aconteceram na nossa infância e isso foi, certamente, injusto. Muito injusto. Acontece que hoje — embora nos dessangremos em lutas pueris e nos expressemos com palavras horríveis, gerando pensamentos malevolentes contra terceiros — não vamos recuperar a infância que nos roubaram. Só perpetuaremos a dor e o tormento.

AS RESPONSABILIDADES INDIVIDUAIS NA VIDA COLETIVA

Se o desamor e o desencanto minaram nossas infâncias, estes modelos vinculares logo se multiplicam nas comunidades, nas cidades e, logicamente, dentro da organização dos Estados. É apenas uma questão de escala. Aquilo que as pessoas fazem em sua vida privada é plasmado nas relações coletivas. É a mesma coisa, mas com maior transcendência. De fato, a vida coletiva é sempre um reflexo da somatória das vidas individuais. Todas as comunidades idealizam uma ordem possível para administrar a vida em comum. Votemos em quem votemos, sejamos mais democráticos, socialistas, comunistas ou liberais... faremos o que formos capazes de fazer como indivíduos. Justamente, como proviemos do desamparo, estabeleceremos relações desiguais e agressivas.

Há algo a ser mudado na esfera pública? Vale a pena atuar no âmbito da política? Possivelmente sim, desde que incluamos as mudanças pessoais e recuperemos a capacidade de amar o próximo. O próximo é alguém que está por perto. É nosso bicho de estimação. É nosso irmão. É nosso colega de escritório. É nosso filho. É nossa ex-sogra. Mas devemos nos relacionar bem com todo mundo? Não, seria estúpido esperar algo do tipo. No entanto, podemos nos compreender e nos compadecer inclusive de quem nos fez mal, de quem hoje não cuida de nós, de quem nos maltrata na atualidade sem perceber.

Se não assumirmos individualmente a responsabilidade de nos compreender e compreender o próximo, não haverá caminho possível. Não há movimento político nem regime governamental que já tenha demonstrado que a solidariedade possa se instalar de maneira sistemática entre os seres humanos em nível coletivo. Não há mudança política possível se acreditamos que se trata de lutar contra nossos oponentes. Isso não tem nada a ver com uma possível ordem amorosa em prol das comunidades. As brigas e as lutas políticas não servem a ninguém, salvo a quem precise se alimentar de alguma batalha pontual ou a quem deseja deter mais poder para se salvar de seus próprios horrores.

Por isso, as brigas políticas raramente confluem em maior entendimento e tolerância com os nossos semelhantes. Pelo contrário, estou convencida que as revoluções são gestadas e processadas dentro de cada relação amorosa. Entre um homem e uma mulher. Entre um adulto e uma criança. Entre dois homens e cinco mulheres. Em rodas de amigos. No seio de famílias solidárias. Se não conhecemos nenhuma, está na hora de assumir essa responsabilidade. Este é o momento para usar todos os recursos que temos, compreendendo e agradecendo o que soubemos fazer no passado. Aí está. É tempo de amadurecer. Agora ofereçamos nossa generosidade, nossas habilidades altruístas e nossa inteligência emocional que tanto fazem falta à humanidade.

DELINQUÊNCIA, INJUSTIÇA E POBREZA

Nos países menos desenvolvidos, estes problemas são gravíssimos e, apesar de existirem programas para "lutar" (mais uma vez) contra a pobreza, a delinquência e o narcotráfico, estas desgraças fazem parte de nossas comunidades. As leis são cada vez mais duras, os presídios estão superlotados, mas os problemas não são resolvidos.

É impossível encontrar soluções se não refizermos os caminhos que criaram estes nós, desde a verdadeira origem. Reitero que serão insignificantes os esforços para controlar a violência — conjugais, familiares, sociais, futebolísticas, nas festas, na política — se não retirarmos os véus da permanente, horrível e injusta violência emocional contra as crianças. Não é indispensável bater nas crianças para que a violência se instale, porque o recorrente abandono emocional, as exigências para que funcionem com habilidades que não possuem e a pretensão de que se adaptem às necessidades dos adultos não fazem mais do que agredir e humilhar as crianças pequenas, que só esperam ser amadas com suavidade e compaixão.

Qualquer abordagem social dos problemas comunitários requer uma observação da realidade de **cada criança**, imersa em uma determinada família, com adultos que banalizam a violência em suas diferentes formas porque foi assim que cresceram, assim se relacionaram afetivamente e assim entendem o amor.

Claro que é uma tarefa enorme acompanhar cada indivíduo e reexaminar — em primeiro lugar — a triste realidade de nossas próprias infâncias. Depois seria pertinente observar nossos mecanismos de salvação emocional. Então analisar nossas reações automáticas na vida cotidiana e, por último, com total consciência de nossas ações, decidir se estamos dispostos a dar prioridade às necessidades das crianças, inclusive relegando nossas próprias necessidades. Entendo que só levando em conta a totalidade de nossas experiências assumiremos com honestidade **nossa própria violência** — antes de culpar os demais — e com muito esforço e empenho exercitaremos maneiras generosas, amáveis, altruístas e desinteressadas para nos vincular com os outros. Especialmente se esses outros são crianças.

A biografia humana como sistema de indagação pessoal

A BUSCA DA VERDADE

O objetivo fundamental da biografia humana é que nós tomemos consciência da nossa realidade afetiva e espiritual, para abandonar o estado de resignação à mediocridade no qual estamos. No entanto, é controverso pretender chegar à verdade. O que é a verdade? Todos guardamos pontos de vista diferentes sobre questões em comum. Justamente, talvez a aproximação à verdade seja a **soma** de todos esses pontos de vista que convergem no eixo de uma questão, mas considerando também como cada indivíduo — com suas luzes e sombras, com suas experiências passadas e presentes — constrói uma determinada visão.

Este conjunto de posições abre novas perspectivas a uns e outros, porque elas são percebidas a partir de atitudes distintas das próprias. Insisto que o exercício de incluir experiências a partir de percepções distintas nos aproxima da compreensão de uma circunstância qualquer, com uma visão mais ampla.

Quando sofremos, quando estamos diante de obstáculos intransponíveis e quando temos problemas que não sabemos resolver, costumamos nos enroscar ainda mais na visão limitada com a qual interpretamos a realidade. Logo, será impossível desandar aquilo que construímos e que nos complica ou nos machuca. Precisamos de **novos pontos de vista**. É isso que a **biografia humana** tenta dar: um ponto de vista interior, baseado **na criança que cada indivíduo foi**.

Por isso não adotamos indicações genéricas sobre nenhuma área da vida. Não temos opiniões, nem ideologias, nem estamos a favor de algo nem contra outra coisa. Somos observadores da realidade, a partir do ponto de vista da criança que foi quem nos consulta. Essa criança e não outra. Essa experiência infantil e não outra. Essa maneira de ter recebido amor ou desamor, e essa maneira de ter sobrevivido. Sempre é um ponto de vista novo, uma investigação que se abre partindo da realidade vivida, inclusive desde antes de ter recordações conscientes.

Logicamente, comparamos todas as experiências com as expectativas que as criaturas mamíferas humanas trouxeram ao nascer. Essa será nossa única referência: nem culturas, nem obrigações, nem morais, nem religiões, nem filosofias. Confiamos nas experiências reais de cada criança e, em troca, desconsideramos as interpretações e os discursos falaciosos construídos mentalmente a posteriori.

OS INÍCIOS DA BIOGRAFIA HUMANA

A **biografia humana** é uma maneira de acompanhar outros indivíduos, que fui inventando ao longo dos anos. Foi surgindo espontaneamente, depois de tanto ouvir e observar os cenários com uma lupa. É verdade que a intuição foi meu principal guia, mas também precisava procurar mais elementos, mais peças do quebra-cabeça, até encontrar lógicas completas dos sofrimentos ou as confrontações de quem me consultava. Meu melhor papel era o de "advogado do diabo", para observar de um ponto de vista contrário, oposto do possível molestado. Forçava as coisas até criar perspectivas muito diferentes daquelas manifestadas por qualquer paciente.

Comecei a trabalhar no início dos anos 1980, atendendo mães de crianças pequenas. Relatei isso muitas vezes e também está descrito em livros anteriores: fui uma jovem mãe exilada em Paris, na época da ditadura na Argentina. Desde pequena, tive uma espécie de clarividência em relação aos bebês, como se sentisse exatamente aquilo que cada bebê sentia. Isto acontece comigo até hoje. Assim que me tornei mãe, percebi logo o sofrimento de outros bebês — e, obviamente, o sofrimento das mães. Todas pareciam estar mergulhadas em abismos de solidão, amargura e depressão; espantadas com a presença de seus filhos, que não entendiam. Naquela época, tive a certeza de que nós não conseguíamos compreender o reino dos bebês, porque não conhecíamos o nosso. Para mim, era óbvio que nós e nossos bebês dividíamos um mesmo universo. Doíam-me até os ossos quando observava os bebês franceses chorarem desconsoladamente em seus carrinhos enquanto as mães caminhavam, impávidas, enfurnadas em seus casacos atravessando o ar gelado de Paris. Claro, isso não acontecia só em Paris. Acontecia em todos os lugares. Mas eu sofria a cada dia, caminhando com meus filhos (levando um pela mão, outra amarrada no meu peito) pelo meu bairro. Escrito assim parece glamoroso. Mas não foi. Éramos pobres. Sofríamos xenofobia e rejeição. Foram anos difíceis.

Relatei em outras ocasiões que em um momento da minha vida voltei para Buenos Aires e me dediquei a receber mães. Um lugar de escuta, um chá quente, uma atenção delicada e o convite para que viessem com os bebês se transformava em um verdadeiro paraíso para centenas de mães isoladas e à beira do colapso. No final dos anos 1980 e começo dos 1990, chamei-os de "grupos de criação". Era um espaço aberto para que as mães viessem com seus bebês e filhos pequenos, com o objetivo de refletir, todas elas, sobre o que estava lhes acontecendo. Então, comecei a confirmar isso que me parecia óbvio: o universo das mães e o dos bebês eram os mesmos. Chamei esse fenômeno de "fusão emocional".

Se o cosmos era o mesmo, era imprescindível que entrássemos em nós mesmas. Mais ainda, no si mesmo desconhecido. A sombra, ora. E para lá dirigi minhas pesquisas. Então, muita água passou por debaixo da ponte: vários anos depois me atrevi a escrever livros, mais tarde consegui publicá-los e então se transformaram em referência quase obrigatória para as mães. No entanto — e para o meu pesar —, muitas mães **usaram** meus livros como uma ferramenta para confrontar seus companheiros, irmãs, amigas ou vizinhas, em vez de se pensar mais profundamente. No entanto, a proposta era — e continua sendo — a de nos formularmos **novas perguntas**, porque aquilo que opinamos é uma **vista parcial da nossa trama**.

A questão é que depois de muitos anos atendendo mães, apareceram os pais, também com suas infâncias nas costas: seus cenários, seus equívocos, suas cegueiras e seus sofrimentos. Da mesma maneira, me dedicava a investigar e colocar na mesa circunstâncias dolorosas ou esquecidas. Em poucos anos, me dei conta de que não cuidava dos supostos problemas das crianças — que costumavam ser os motivos das consultas dos pais. Quase nunca abordávamos aquilo que preocupava os pais, porque ao abrir o foco e olhar para **nossas próprias infâncias** havia tanto a desentranhar e compreender que o problema pontual de uma criança que se comportava mal, que fazia xixi nas calças e que mordia seus amigos costumava ser uma besteira.

Se nós, adultos, não olhássemos toda a trama, para que íamos falar das crianças? Quem era eu para dizer a outro adulto o que lhe convinha fazer com seu filho? Como iríamos contar a história começando pelo fim? Isso era impossível. Uma história contada de trás para frente é uma história inventada. Então, eu insistia que a única coisa importante era observar da maneira mais completa possível a trama familiar a partir do ponto de vista da criança que aquele adulto havia sido.

Assim fui constatando que as chaves estavam na infância que havíamos tido e no que então havíamos feito, inconscientemente, com aquilo que nos havia acontecido. Infância, todos tivemos: **homens e mulheres**. Sofrer, todos sofremos em diferentes graus. Por isso, enquanto, intuitivamente, eu procurava formas de organizar panoramas completos, apareceram todo tipo de pacientes: homens, mulheres, jovens, nem tão jovens, avós, pessoas com filhos ou sem filhos, artistas, loucos, estrangeiros. Indivíduos com vontade de se conhecer mais. De tudo um pouco.

O olhar ampliado e desprovido de opiniões funcionava: os adultos se tornavam mais conscientes e, portanto, responsáveis por suas decisões de vida. Então, me propus a treinar novos profissionais para que assistissem a outros com um olhar inovador, criativo e generoso. Acompanhar outras pessoas na infrutífera tarefa de observar a própria sombra é complexo e ingrato. Requer um enorme **desejo de fazer o bem**. Para isso, fui sistematizando um método de trabalho. Para ensinar, tive que ir organizando conceitos, teorizar, ou seja, organizar pensamentos **baseados na casuística**, revisando a cada dia os resultados para afinar, melhorar e atingir o nível de excelência que todos nós merecemos.

Chamei este sistema de indagação pessoal de **biografia humana**. Carinhosamente, dizemos que é o BH (*behache*). Tenho que admitir que aquilo que escrevo hoje vai ficar em parte obsoleto dentro de alguns anos. Por quê? Porque minha equipe de profissionais — que chamo de *behacheadores* — atende pessoas reais constantemente. Em cada consulta e em cada acompanhamento, surgem novas interrogações, novas possibilidades de abordagem, novos pontos de vista e novas hipóteses. É uma **arte**. É possível aprendê-la. Mas também precisa de criatividade, da intuição correta e de certa faísca para arriscar, sugerir e desarmar tanta crença arraigada e tanto preconceito instalado em nossos pensamentos habituais.

UMA ESCOLA DE DETETIVES

Costumo dizer que esta é uma verdadeira **escola de detetives**, porque aprendemos a encontrar marcas ocultas da **realidade** emocional dos indivíduos. Estamos tão habituados, nos âmbitos psicológicos, a ter interpretações para cada coisa que esta proposta, que parece fácil, é extremamente complexa. Se não aprendemos a olhar **o que há** sem adicionar nossas próprias opiniões nunca chegaremos à verdade.

A realidade é a realidade. Cada cenário sugere cenas que podemos conectar enquanto descartamos outras que seriam impossíveis de se plasmarem. Nós, os *behacheadores*, funcionamos como **detetives**. Não como psicólogos. Os detetives pretendem **descobrir alguma coisa que ninguém conhece e que se mantém oculta**. Por sua vez, os psicólogos, ouvem o consulente e depois interpretam levando em conta aquilo que ouviram. Coisa que — a meu critério — nos mantêm no equívoco.

Imaginemos nosso paciente como se fosse suspeito de um assassinato. Se perguntássemos ao indivíduo sentado no banco dos acusados se foi o autor do crime, o que responderia? Que não, é claro. Não precisamos interrogá-lo, pois já sabemos sua resposta. Em vez disso, se formos bons detetives, teremos a nosso favor algumas pistas e as seguiremos procurando evidências. As pistas mais sólidas irão se confirmando e as outras iremos descartando. À medida que vamos organizando as cenas e que estas nos conduzam ao fato traumático, teremos cada vez menos necessidade de questionar o suspeito, porque os fatos começarão a se manifestar por si sós. Peço desculpas se a comparação é odiosa, já que a maioria das pessoas que procuram ajuda espiritual está muito longe de cometer assassinatos. No entanto, quero ser contundente para demonstrar que a escuta raramente serve, porque **os discursos são falaciosos**, logo, **a escuta e a validação daquilo que um indivíduo diz** não farão mais do que dar por certo o que é falso.

Entendo que este ofício de investigar as vidas das pessoas **perguntando pouco e organizando muito** requer treinamento e uma alta dose de **intuição**. Também é necessário ter acesso ao conhecimento de muitíssimas instâncias da vida humana. Seria ótimo que nós, os *behacheadores*, tivéssemos passado por diversas experiências pessoais de amor e desamor, tivéssemos atravessado fronteiras culturais ideológicas e morais, que tivéssemos interagido em diferentes ambientes e que fôssemos abertos e permeáveis, pois os indivíduos que nos consultam podem ser muito diferentes de nós e por isso devemos ser capazes de compreender as lógicas de outros cenários, mesmo que não tenham nada a ver com nossa idiossincrasia ou nossa maneira de viver.

Para dar início à biografia humana, sempre começaremos evocando a infância do paciente. O problema é que aquilo que o indivíduo relata estará constituído por uma **overdose de discursos falaciosos**. Nossa organização psíquica — ou seja, as recordações — foi estabelecida com base no que alguém muito importante **nos disse**. Esse alguém — na maioria dos casos — foi nossa **mãe**, porque foi a pessoa mais importante com quem nos vinculamos durante a infância, se é que ela nos criou. Inclusive se a recordamos cruel, bêbada, doente ou deprimida — se dependíamos dela —, organizamos a visão do mundo a partir da lente que ela nos emprestou. Não costumamos ter consciência do grau de **coincidência emocional** que estabelecemos com nossas mães ou com a pessoa que nos criou. Essa **lealdade emocional** é o que nós, *behacheadores*, teremos que detectar para desativá-la. Aquilo que nossa mãe disse **não corresponde à realidade**. Nem sequer aos fatos que nos aconteceram. Recordemos que **os fatos são soberanos**. Por sua vez, as interpretações não nos interessam. Só nos importam os fatos reais que não recordamos.

A LEALDADE À NOSSA MÃE

Estabelecemos a **lealdade incondicional** à nossa mãe para nos sentirmos amados. Depois nos transformaremos em seus fiéis e acérrimos defensores. Essa oferta vital à nossa mãe nos deixa desprovidos de liberdade interior, tingindo nosso olhar. Exagero? Não. Não toleramos que alguém questione nossa mãe, que — apesar de ter tido uma vida difícil — fez tudo o que estava ao seu alcance para nos criar. É verdade? Sim, claro. Todas as mães fazem o melhor que podem para seus filhos. Isto é verdade do ponto de vista das mães, mas **nos falta o ponto de vista das crianças,** que adotam o olhar de suas mães.

Então não conseguiremos organizar em nossa consciência as frustrações, a solidão, o desenraizamento emocional, o medo, o abismo afetivo, a insegurança ou os desejos não atendidos, porque não foram nomeados. Assim acharemos que não existem. Por isso — quando relatamos nossas infâncias —, narramos do ponto de vista de nossa mãe, **sem ter acesso ao nosso próprio ponto de vista infantil.** É isso o que a **biografia humana** vai procurar.

Como recordar aquilo que não recordamos? É esse o desafio. Por isso afirmo que este trabalho se assemelha às investigações dos **detetives,** não aos tratamentos psicológicos. Procuramos aquilo que não é nada evidente para o indivíduo.

Aos poucos, iremos montando o quebra-cabeças que ilustre nossas infâncias. Se recordarmos com riqueza de detalhes aquilo que aconteceu com nossa mãe, já teremos uma pista: éramos nós que observávamos nossa mãe e não o contrário. No entanto, somos nós, pais, que devemos estar disponíveis para os filhos. Por outro lado, não cabe às crianças sustentar ou cuidar de seus pais. Quando isso acontece — embora seja uma modalidade familiar recorrente —, significa que a solidão e a falta de acompanhamento foram moeda corrente. A partir dessas evidências, os *behacheadores* evocaremos o medo, a repressão de nossas necessidades, os desejos nunca manifestados ou o desamparo surdo em qualquer de suas formas. Também nomearemos a responsabilidade que sentíamos pelo bem-estar de nossos pais e os obstáculos infantis mantidos em segredo.

A distância que todos vivemos entre o que esperávamos encontrar ao sair do ventre materno e aquilo que encontramos é tão comum e corriqueiro em nossa civilização que praticamente essa será a principal hipótese em quase todas as abordagens das biografias humanas: **a dimensão do desamparo**. É difícil encontrar alguém que teve suas necessidades amorosas básicas atendidas. Nossa civilização corre na direção contrária. De fato, estamos muito longe de uma organização solidária. Portanto, aquilo que acontece com todas as crianças não difere muito entre umas e outras. Somos mais parecidos do que acreditamos: ricos e pobres, orientais e ocidentais, negros e brancos, cristãos e muçulmanos. Todos **somos sobreviventes do terror na infância**.

No entanto, uma vez que constatamos que nossas infâncias foram muito mais sofridas e desamparadas do que recordamos, teremos que rever quais foram os **mecanismos de sobrevivência** que usamos. Pois algo fizemos para continuar vivendo, **apesar do desamor**. Chamei de "personagens" esses mecanismos de sobrevivência. Os personagens variam entre os indivíduos, e é tarefa do *behacheador* detectá-los e cotejá-los com o paciente, para constatar se sua hipótese coincide com as vivências internas do indivíduo.

Qualquer descoberta a respeito da infância tem que ficar assentada entre o *behacheador* e o consulente. Insisto que nós, profissionais, não impomos uma visão da realidade. Não interpretamos. Só procuramos pistas, construímos um cenário hipotético e o vamos afinando à medida que os consulentes vão assentindo e concordando com suas próprias experiências internas.

Quais são os principais obstáculos para a construção de uma **biografia humana**? Depende de cada caso. Insisto que quando pensamos com alma de detetives, saberemos que às vezes contamos apenas com um lenço manchado de sangue como única testemunha de um crime. Todo o resto vai depender da capacidade de traçar linhas invisíveis entre fatos aparentemente incongruentes. E de contar com uma boa dose de percepção e criatividade.

Quando nós, indivíduos, não recordamos absolutamente nada de nossa infância e parece que não contamos com nenhuma pista, estamos diante de um indício confiável de que as experiências foram terrivelmente devastadoras. Muito mais do que suspeitamos. Talvez não possamos sequer imaginar esse nível de sofrimento. Justamente, a consciência esquece dele para nos proteger.

A FUNÇÃO DOS ESQUECIMENTOS

O esquecimento como mecanismo é uma das melhores ferramentas de proteção com a qual nós, seres humanos, contamos. Por que, então, trazê-las à consciência se esquecê-las foi uma coisa boa? É que **uma coisa é ser criança e outra coisa é ser adulto**. Quando éramos crianças, precisávamos nos salvar, negando ou esquecendo aquilo que nos aconteceu. Mas, uma vez que crescemos, essas experiências esquecidas agem por iniciativa própria sobre nossas vidas. Agora, que somos adultos, contamos com recursos emocionais, afetivos, econômicos e sociais que não tínhamos quando éramos crianças. Por isso, este é o momento. Agora sim podemos olhar de frente o horror, o abuso, a mentira, o desamparo ou a loucura, porque poderemos decidir fazer alguma coisa com tudo isso.

Como podemos — os *behacheadores* — nomear aquilo que o indivíduo não recorda sem que se sinta mal? Pode acontecer que o indivíduo se sinta atacado se falarmos mal de sua mãe? Em primeiro lugar, ninguém fala mal de ninguém. Obviamente, a mãe fez o melhor que pôde. Mas agora pretendemos olhar o cenário completo para **resgatar a criança** que o consulente foi. Então ofereceremos uma **descrição dos verdadeiros estados emocionais infantis**. Por outro lado, recordemos que aquilo que nomearemos — descrevendo a verdade do coração desse indivíduo — nunca vai ser mais duro, difícil nem angustiante do que aquilo que esse indivíduo viveu na infância. Ninguém vai se sentir mal se dissermos as coisas tais como são. O mal-estar é prévio. **Nada que possamos dizer pode doer mais do que o desamparo já sofrido.**

A abordagem da **infância e da adolescência**, e a escolha inconsciente de um personagem, constituem o **terreno básico** sobre o qual irá transcorrer o resto de nossas vidas. Por isso é tão importante compreender com lucidez e inteligência o alicerce no qual vai se basear toda a estrutura futura. Não é possível construir um belo edifício se o esqueleto de ferro e todos os suportes não estiverem perfeitos, embora ninguém veja essa estrutura porque permanece no interior dos muros. Quando um edifício é mal construído, os painéis racham, os tetos desabam e os canos quebram, não há outro remédio a não ser abrir — dolorosamente — as paredes. É preciso bater, derrubar, abrir e reexaminar o interior. Se pretendemos apenas consertar superficialmente, sabemos que em pouco tempo as rachaduras voltarão a aparecer. No entanto, quando se trata de boas construções, será possível reformar, trocar ou refazer sem perigo. Não importa o que modificaremos, simplesmente temos liberdade de ação porque contamos com uma base sólida.

Com as biografias humanas acontece a mesma coisa: uma vez que estabelecemos uma ordem lógica e verdadeira no traçado de cada cenário, é fácil perceber as opções que escolhemos até o momento. Logicamente, continuaremos abordando e pesquisando tudo aquilo que nos aconteceu, cronologicamente. Mas em geral não é necessário entrar em detalhes.

VIDA SEXUAL

Logicamente, em qualquer biografia humana é indispensável abordar **a vida sexual** do indivíduo. Começando pela infância e a adolescência — ou seja, abordando a quase certa falta do corpo materno

Nesse terreno, quase todos compartilhamos o mesmo vazio. Nossas mães não nos tocaram. Não nos abraçaram o suficiente nem nos protegeram com seu corpo quente. É nessa instância que começa a se manifestar — ou a se reprimir — a sexualidade. Em linhas gerais, as meninas congelam e os meninos se dividem, separando o corpo dos sentimentos. Então crescem assim: afastados das sensações corporais e com muito desconhecimento e inexperiência nas costas. Portanto, vendo o nível de repressão, autoritarismo e ignorância emocional, não será muito difícil imaginar como chegamos à vida sexual. Muitos de nós, sustentando o frio interno. Outros com mais paixão genital, mas com o coração partido. Em quase todos os casos, a vida sexual não é fácil, pois nossa vivência das relações não foi fácil. Portanto, o que acontece na cama vai confirmar nossas suspeitas quando estivermos tratando das características dos personagens e de suas circunstâncias.

É sempre necessário abordar a vida sexual? Sim, sempre. Em primeiro lugar, porque a sexualidade já foi relegada à sombra. Depois de séculos de obscurantismo e repressão, mesmo com a proclamada e aparente liberdade sexual dos dias de hoje, este é um âmbito de nossas vidas que mantemos oculto. Por outro lado, **nossa sexualidade é o reflexo fidedigno de nossa potência, desejos e amor**. Portanto, é um guia perfeito para procurar verdades internas.

Cada biografia humana tem um fio, uma trama, um roteiro com certa lógica. Algumas estão marcadas pelo desamparo, outras pela violência, outras pela pobreza econômica, outras pela cultura do trabalho ou pelo pós-guerra. Em qualquer hipótese, há um cenário para observar e organizar.

Finalmente chegaremos à atualidade do paciente. É interessante constatar que, quando chegamos cronologicamente ao presente, as problemáticas que tínhamos urgência de resolver logo na primeira consulta se desvaneceram. Em alguns casos, porque o que abordamos é muitíssimo mais complexo, árduo e profundo do que a insignificância de um tema pontual e passageiro. Em outros casos, estamos olhando todo o nosso mapa a partir de muitos pontos de vista diferentes, portanto já estamos fazendo alguma coisa diferente em nossa vida cotidiana, talvez nos vinculando de modo aberto e compreensivo com nosso cônjuge, filhos, pais ou com aqueles que fazem parte do nosso cenário afetivo. Ou seja, já estamos navegando em um processo de mudança. Isso por si só é revolucionário, embora não percebamos nesse momento.

Essa instância é simplesmente fabulosa. É tão fácil, tão evidente, tão clara, tão óbvia. Por que nunca antes olhamos assim? Porque estávamos **dentro do campo**. Já agora, fomos convidados a observar do **lado de fora do campo**.

QUEM PODE TREINAR PARA SE TORNAR UM BEHACHEADOR?

Quais são os requisitos necessários? Nenhum. Se estivermos dispostos a rever — antes de mais nada — nossa própria biografia humana, nossos preconceitos, dores, misérias e zonas escuras e desejarmos **fazer o bem**, poderemos treinar e aprender. Não dou nenhuma importância aos diplomas, certificados, doutorados ou avais semelhantes que adquirimos no passado. Quem quiser treinar, pode tentar. Seria ideal ter — além de inteligência e sensibilidade — várias experiências de vida.

Claro que aprenderemos a colaborar com toda **nossa humanidade e compaixão a serviço da pessoa que consulta**, produzindo um **encontro amoroso** entre o *behacheador* e o consulente. São necessárias altas doses de entrega, entendimento e abertura espiritual para que cada indivíduo se sinta em seu próprio lar. Um profissional responsável deveria nos levar pela mão à nossa própria obscuridade. Não é confortável, mas teremos a certeza de que estamos no lugar certo. Pode ser doloroso, mas, ao mesmo tempo, sentiremos alívio e paz.

Pelo contrário, acredito que o que fere — e muito — são as interpretações e julgamentos dos profissionais da área psi. Lamentavelmente, sou testemunha de inumeráveis situações em que os consulentes cedem, ficando prisioneiros de afirmações questionáveis. Os consulentes assumem como próprios os **discursos falaciosos dos terapeutas**, que são apenas opiniões baseadas em seus próprios preconceitos ou pontos de vista pessoais. Então, desarmar essas interpretações às vezes é mais difícil do que desarmar os equivocados discursos maternos.

Acompanhar processos de procura da sombra é uma arte. Requer interesse, amor, trabalho e generosidade, mas também uma mente ágil e perspicaz. Recordemos que **ansiamos encontrar algo que ninguém viu**. Portanto, não podemos adormecer em teorias desgastadas nem repetir o que aprendemos em situações anteriores, já que cada biografia humana é um novo desafio e, como tal, será única. Um artista não poderá pintar dois quadros iguais. Um detetive não encontrará dois crimes idênticos. Na abordagem das biografias humanas acontece a mesma coisa.

Neste sentido, é de se esperar que o *behacheador* ocupe um papel relativamente invisível. É alguém que abre algumas portas para que o indivíduo passe por elas e depois decida se continua por esse caminho, ou não. Por isso é importante que pratiquemos o desapego em relação às pessoas que acompanhamos e também quanto aos processos — às vezes maravilhosos — de que somos testemunhas.

Por último, vale a pena nos perguntarmos por que alguns profissionais se dedicam a isto e qual é o sentido de ficar bisbilhotando o sofrimento de tantas pessoas. Penso que aqueles que trabalhamos acompanhando processos de procura da sombra só podemos fazê-

-lo porque confiamos em que mais cedo ou mais tarde **a verdade se manifestará**. Amamos a verdade porque ela nos torna livres. Confiamos em que acompanhar a descoberta do objetivo transcendental de cada vida é em si um fato verdadeiro. Por isso, nos enfiamos nos pântanos obscuros da alma humana, pois confiamos que ali se escondem os inesgotáveis tesouros de cada um de nós.

Um aluno da minha escola virtual me disse há pouco que isto que aprendemos é a construção de um caminho estreito, não é uma rodovia já testada. Que parece uma escola zen para afinar o pensamento, a sensibilidade e habilitar o amor. E que também parece uma escola de artes marciais na qual o mestre é rigoroso com seus alunos. Em parte, porque os protege maternalmente; de fato, o mestre não permite que seus alunos saiam ao mundo antes que fique evidente que estão prontos. Por último, que é um luxo em épocas de fast-food — ou de qualquer coisa rápida — que ainda existam aqueles que se mantêm à margem da moda oferecendo algo tão real como esta escola de pensamento.

O ALTRUÍSMO

Esta virtude se refere ao fato de fazer mais pelas necessidades do próximo do que pelas próprias. Dito assim parece fácil. No entanto, nessa incapacidade reside o grande drama dos tempos atuais.

A parentalidade é — na minha opinião — **função altruísta** por definição. Tudo é a favor da criança. Nada é a favor dos pais. Em uma relação saudável, nós, pais, **oferecemos à criança tudo em troca de nada**. Durante a criação de bebês e crianças muito pequenas, somos testemunhas da enorme dificuldade que temos para manifestar nosso altruísmo. As mães se queixam de que não têm tempo suficiente para si mesmas. Os homens se queixam de que não recebem cuidados suficientes de suas mulheres. E ambos concordamos que a criança é muito exigente e que deveria se conformar com menos. Portanto, faremos o que for necessário para que a criança compreenda que terá que se frustrar, se ater aos limites que lhe imporemos e aceitar que o mundo é um lugar hostil e que, em suma, se sentirá melhor quando crescer.

As funções da mãe e do pai revelam nossas incapacidades. Embora todas as mães e pais assegurem que querem dar ao seu filho o melhor, diante dos pedidos reais e concretos da criança, simplesmente não podemos. Por quê? Porque ainda estamos famintos de carinho, amparo e proteção, coisa que **não recebemos quando éramos crianças.**

Quando abordamos as biografias humanas de homens e mulheres com filhos pequenos, comprovamos a carência emocional que nos constituem. Temos pouco para dar. É possível mudar? Obviamente. Como? **Compadecendo-nos em primeiro lugar da criança desamparada que fomos.** Se fosse possível reviver intensamente essas emoções relegadas à sombra, talvez pudéssemos compreender depois os nossos filhos e calçar os seus sapatos. No entanto, se nos aferrarmos a nossos personagens de sobrevivência, permaneceremos protegidos, cuidando para que nossos sofrimentos infantis não saiam à luz, enquanto, ao mesmo tempo, instauraremos uma distância prudente em relação às experiências atuais de nossos filhos.

Nesse sentido, as manifestações das crianças pequenas são bons fios condutores na construção das biografias humanas. Não porque queiramos resolver um determinado sintoma deles. E sim porque isso **que acontece com a criança é verdade.** Nós, os *behacheadores*, agregamos também **a visão da criança que fomos.** Essa nova perspectiva é uma ferramenta que teremos para sempre. Então, tendo adquirido muitos pontos de vista e exercitado novas formas de olhar, pensar, sentir e se relacionar, cada um estará em condição de decidir como quer continuar vivendo.

AMAR AO PRÓXIMO

Esse é todo o objetivo dos seres humanos aqui na Terra. Embora, às vezes, estejamos inundados por problemas cotidianos, vale a pena colocar em perspectiva cada circunstância e organizar nossos pensamentos benevolentes para dirigi-los ao bem e ao amor.

Não importa que dificuldades enfrentem, os adultos sempre podem usar os recursos que todos conservam: o desejo de fazer o bem e amar seja quem for o nosso próximo. A **biografia humana** carrega como objetivo primordial que recuperemos essa capacidade de amar com a qual nascemos e que nos vimos na obrigação de relegar para poder sobreviver ao desamor quando éramos crianças. Reitero que **ser criança e ser adulto não são a mesma coisa**. É indispensável que estabeleçamos a diferença porque, caso contrário, justificaremos nosso agir baseados em nossas próprias carências.

Para poder elaborar essa disparidade, precisamos ter plena consciência sobre nossa realidade emocional passada, comparando-a com o que podemos construir na atualidade, de maneira a servir ao outro o que decidamos construir a cada dia. Observar o passado com honestidade e verdade nos permite assumir a responsabilidade necessária para quebrar as correntes da violência transferida de geração em geração; decretando a partir de hoje o amor, o altruísmo e a abertura de corações para nossos filhos e os filhos de nossos filhos.

Uma civilização centrada na criança

A ECOLOGIA HUMANA

Os movimentos ecológicos ou verdes, ou ambientalismo — tais como os entendemos hoje — pretendem nos alertar sobre os desastres que provocamos contra o ambiente que nos cerca e do qual precisamos para sobreviver como espécie. Concentram-se na preservação e regeneração dos recursos naturais, na proteção da vida silvestre e em reduzir o nível de contaminação gerado pela humanidade.

É simples admitir que todas as espécies que vivem em um meio ambiente equilibrado têm a tendência de se autorregular. No entanto, se o ambiente é modificado substancialmente pela intervenção dos homens, perde-se esse equilíbrio natural. De fato, nossas ações geram não apenas mudanças, mas também danos à biosfera que já parecem irremediáveis.

Estes conhecimentos sobre a relação entre os seres vivos e o meio ambiente deram lugar a movimentos e associações ecológicas que surgiram no final dos anos 1980 e que ainda tentam proteger a biosfera daqueles que a danificam por ignorância ou por egoísmo, querendo se aproveitar caoticamente dos recursos e prejudicando todos os seres e o planeta no qual vivemos, colocando em risco inclusive a continuidade da vida na Terra.

As crianças também são natureza. As crianças também nascem com sua ecologia pessoal intacta. Estamos atentando contra nossa condição humana e talvez também colocando em risco a continuidade da espécie.

Por isso, é indispensável que promovamos mudanças com extrema urgência. Convido meus leitores a não se enraizarem em queixas e conflitos que só alimentam um pensamento limitado como consequência do medo. Não há nada a perder.

COMO A CRIAÇÃO AMOROSA PODE SALVAR O MUNDO

Para permanecer no mundo, dependemos da relação que os adultos que nos criam mantenham conosco. Há duas opções: nos respeitam ou não nos respeitam. É semelhante ao que fazemos com a terra, a água e o ar. Lutamos contra a natureza ou convivemos com a natureza. Se pretendemos que a vida silvestre se adeque a nossas pretensões egoístas, o conseguiremos eliminando qualquer vestígio de criação. No entanto, se sonhamos viver em harmonia, nos dedicaremos a observar, a aprender e a respeitar nosso entorno.

Exatamente a mesma coisa acontece quando nos relacionamos com as crianças: ou aprendemos com elas ou nos perdemos para sempre.

A noção de civilização centrada na criança provoca desconforto nos adultos. O que significa? Que as crianças agora vão fazer o que tiverem vontade? Que será necessário suportar crianças tiranas? Que o mundo estará de cabeça para baixo? Que não se deve impor limites?

Nada disso. Esses temores são consequência das infâncias horríveis que nós tivemos e que nos levaram a estabelecer um ponto de vista muito estreito, mais parecido com os preconceitos do que com a contemplação sincera.

Insisto que a referência mais confiável com a qual contamos é a **criança tal qual chega ao mundo**. Todas as crianças nascem iguais. Hoje, há dez mil anos, daqui a 234.658 anos. Em Singapura, em

Berlim, em Argel, em Nova Deli, no Rio de Janeiro, em Moscou ou em Iaundé. Não importa o tempo nem a geografia, centenas de milhares de crianças continuam nascendo como está previsto por nossa espécie.

É comum ouvir pais dizerem que as crianças não vêm com um manual debaixo do braço, e por isso é difícil criá-las. Falso. Os recém-nascidos conservam essas instruções delicadamente e em alinhamento absoluto com sua própria essência; na verdade, as manifestam a cada instante. No entanto, os adultos não estão dispostos a levá-las em conta. Gostariam que as instruções fossem outras, mas são as que são. É assim que funciona.

Se só nos dedicássemos a cuidar da ecologia com a qual cada criança chega ao mundo, assim como alguns de nós procuram cuidar da ecologia do planeta, a vida seria muitíssimo mais simples, harmoniosa, grata e próspera. Só precisamos observar, responder, avalizar e garantir a cada criança que faremos por ela o que está reclamando. Só isso seria suficiente para instaurar entre todos uma civilização milimetricamente adaptada às necessidades das crianças, e na qual cada decisão comunitária seja tomada levando em conta o bem-estar das crianças.

Tenho certeza de que se confiássemos na **natureza instintiva** de cada criança recuperaríamos o bom senso, a alegria e a prosperidade. E, sobretudo, recuperaríamos uma coisa que perdemos há muitas gerações: a capacidade de amar o próximo.

Este livro foi composto na tipografia
ClassGarmnd BT, em corpo 11,5/16,5, e impresso
em papel off-white no Sistema Cameron da
Divisão Gráfica da Distribuidora Record.